古書発見

女たちの本を追って

久保 覚

影書房

はしがき

本は、私たちの内にある凍った海を砕く斧でなければならない　――Ｆ・カフカ

本書は、一九九一年九月号から一九九八年十月号にかけて、休載をはさみつつ計六十八回、月刊紙《本の花束》（『ＤＩＹ』改題／生活クラブ生協連合会発行）に連載されたエッセイをまとめたものです。著者の故・久保覚さんは、『花田清輝全集』など数々の名著を世に送り出した名編集者であり、朝鮮芸能文化史研究者であり、そして、市民による自律的で共同的な文化・芸術活動とその理論化を追究し続けた人でした。《本の花束》は、生協組合員の女性たちによる〈本選びの会〉を中心に、〝生活者のための本の新聞〟をめざし、独自の視点で本を選び、読者に手渡す活動をしてきました。久保さんには、《本の花束》の編集協力者としてどれほどお力添えいただいたか言葉につくせません。とりわけ、女性創造者・活動家の埋もれた仕事に光をあて、女性の書き手を発掘し、また、無名の女性たちの共同創造活動を様々な形で提案し、応援されてきたことは特筆しておくべきことでしょう。その久保さんが、「埋もれ、見過ごされ、打ち棄てられた、しかし私たちにとっていま必要な〈女たちの本〉」を再発見して書かれたのが本書です。

本書には、世界各地の地域もジャンルも多岐にわたる五十人を超える女性創造者・社会活動家たちの著作と生涯が照らし出されています。その視野の広さ、一人一人の女性の仕事を創造的に再発見しようとする眼ざしの深さは読む者の〈精神の運動〉をうながします。一冊の本を読者に手渡すために、久保さんは数かぎりない本を渉猟し、文章についてもまさに彫心鏤骨といっていいほどの力の入れようで、私たちはその姿を間近に見て心打たれたものです。久保さんは一九九八年九月九日、ローザ・ルクセンブルクの『ロシア革命

論』についての原稿を校了した翌晩、惜しくも急逝され、本稿は絶筆となりました。そのエッセイは「二一世紀への投瓶通信（上）」と題されていました。

『古書発見』は連載中よりいくつかの出版社から刊行のお話をいただいていましたが、久保さんは生前、そのすべてを断っていました。書物を心から愛した久保さんの、自身の著作に対する厳しい姿勢であったと思います。急逝された後、私たちは、久保さんの生涯の共働者であった小松厚子さんと相談し、出版を決めました。なぜならば、本書は、この困難な時代にあって、いま必要な〈精神〉を伝えるかけがえのない「投瓶通信」であると確信したからです。

私事になりますが、この春、私たちは生活クラブ生協連合会を退職します。《本の花束》の編集者として十年余かかわってきた者として「はしがき」をしたためさせていただきました。本書が心ある方々の手に渡り、読まれることを切に願っています。

二〇〇三年三月一〇日

岡本有佳・立石喜久江

古書発見◆目次

はしがき　1
比類なき二〇世紀の証言――マルガレーテ・ブーバー＝ノイマン『第三の平和』第一部・第二部　10
朝鮮の舞姫・若き日の宣言――崔承喜『私の自叙伝』　13
地の塩のさわやかさ――高井としを『わたしの「女工哀史」』　16
偉大なる〝生命の母〟の物語――レイチェル・カースン『われらをめぐる海』　19
〝大きさは測るべからず〟――『秋元松代全作品集』全三巻　22
離脱と問うこと――広河ルティ『私のなかの「ユダヤ人」』　25
絵本共和国のグランド・マザー――ベッティーナ・ヒューリマン『七つの屋根の下で――ある絵本作りの人生』　28
文化の根としての女の力――福井貞子『木綿口伝』　33
無限の〝やさしさ〟からの告発――砂沢クラ『ク　スクップ　オルシペ――私の一代の話』　36
祈りとしての悲歌――『ネリー・ザックス詩集』　39
二〇世紀的精神のオアシスの女《ひと》――シルヴィア・ビーチ『シェイクスピア・アンド・カンパニイ書店』　42
炎の墓碑銘《エピタフィオス》――オリアーナ・ファラーチ『ひとりの男』　45
「脊梁骨《せきりょうこつ》を提起する」精神――幸田文『ちぎれ雲』『こんなこと』他　48

偉大で悲劇的な〈子雀《ピアフ》〉の物語——シモーヌ・ベルトー『愛の讃歌——エディット・ピアフの生涯』 53
一つだけの〈二人〉の著作集——『寿岳文章・しづ著作集』全六巻 56
点字で書かれた人と犬への手記——佐々木たづ『ロバータ さあ歩きましょう』 63
女たち《シスターフッド》の記念碑的ポリフォニー——マリア・I・バレノ、マリア・T・オルタ、マリア・V・コスタ
『三人のマリア——新ポルトガルぶみ』上・下 66
あふれる〈わが都市《まち》〉への愛——ヴラスタ・チハーコヴァー『プラハ幻景——東欧古都物語』 71
本当に〈美しい〉生活への問いかけ——増田れい子『一枚のキルト』 74
〈世界〉に向きあうことの精神——スーザン・ソンタグ『ハノイで考えたこと』 77
〈ギリシャ最後の女神〉の半生記——メリナ・メルクーリ『ギリシャ——わが愛』 85
〈声〉を存在させる闘い——朴壽南『もうひとつのヒロシマ——朝鮮人韓国人被爆者の証言』 89
コンピアントの精神——ケエテ・コルヴィッツ『種子を粉にひくな——ケエテ・コルヴィッツの日記と手紙』 96
みごとな女たちの物語——中村輝子『女たちの肖像——友と出会う航海』 100
「生命《いのち》」の植物誌——宇都宮貞子『草木ノート』 104
悲劇的革命舞踊家の自伝——イサドラ・ダンカン『わが生涯』 110
〈笑う女性画家〉の万華鏡——桂ゆき『狐の大旅行』正・続 114
「コチン」としたものへの挑戦——『旅芸人の唄——筑紫美主子自伝』 118

女性自由社会主義者《リバータリアン》の労作——マリー・ルイズ・ベルネリ『ユートピアの思想史——ユートピア志向の歴史的研究』 122
〈水晶の精神〉のメモワール——ルイーズ・ミッシェル『パリ・コミューン——一女性革命家の手記』上・下 126
魂の殺戮《さつりく》を証言する文学——アンナ・ラングフュス『砂の荷物』 132
アイルランド文芸復興の母——『グレゴリイ夫人戯曲集』 138
先駆的アイルランド文学紹介者の最後の書——片山廣子『燈火節』 144
「あたかも神技のように…」——花崎采琰訳『中国の女詩人』 148
地域・歴史・女たち…——多摩の女を綴る会『多摩のおんな——手づくりの現代史』 153
〈良心〉のたたかいの記録——伊藤ルイ『海の歌う日　大杉栄・伊藤野枝へ——ルイズより』 159
〈最初の衝撃〉・石牟礼道子——石牟礼道子『苦海浄土——わが水俣病』 163
「生きながらの死」・女性彫刻家の悲劇——レーヌ＝マリー・パリス『カミーユ・クローデル』 169
詩と自由と、そして愛と…——ディアーヌ・ドゥリアーズ『恋する空中ブランコ乗り——私は翔んだ、空を、詩を。シュールレアリストたちに愛されたある女性の回想』 173
地域女性ジャーナリストのみごとな作業——酒井喜久子『命の山・高尾山』 177
母と娘たちの見事な物語——エィミ・タン『ジョイ・ラック・クラブ』 181

意表をつく、大女優の魅力的な伝記――フランソワーズ・サガン『サラ・ベルナール――運命を誘惑するひとみ』 185
女ひとり火床を行く――富山妙子『炭坑夫と私』 189
原爆文学の記念碑的第一歩――大田洋子『屍の街・半人間』 195
名女優の名エッセイ集――北林谷榮『蓮以子八〇歳』 199
大らかな人間的スケールの凄さ――『土方梅子自伝』 203
歴史ミステリーの金字塔――ジョセフィン・テイ『時の娘』 207
ことば・このすばらしきもの――大原穣子『故郷のことばなつかし――ドラマによみがえる方言』 211
歌声の陰にあるもの――『奇妙な果実――ビリー・ホリデイ自伝』 215
美しい炎がゆらめく自伝――ビオレッタ・パラ『人生よ　ありがとう――十行詩による自伝』 219
女性の眼でみた日本の福祉――関千枝子『この国は恐ろしい国――もう一つの老後』 223
二一世紀への投瓶通信（上）――ローザ・ルクセンブルク『ロシア革命論』 229

あとがき 233
人名（作品名）索引（巻末）

凡例

◆本書は、《本の花束》（生活クラブ生協連合会発行）一九九一年九月号から一九九八年十月号にかけて、休載もはさみながら計六十八回連載されたものです。
◆同テーマのエッセイが二〜三回にわたって掲載されたものについては、その間に＊印を挿入しました。
◆著者が故人のため、原文を尊重しました。

†カバー装画
矢野静明《トンネルの向こう側》

古書発見　女たちの本を追って

比類なき二〇世紀の証言

マルガレーテ・ブーバー＝ノイマン著　直井武夫訳

『第三の平和』第一部・第二部

共同出版社
一九五四年刊

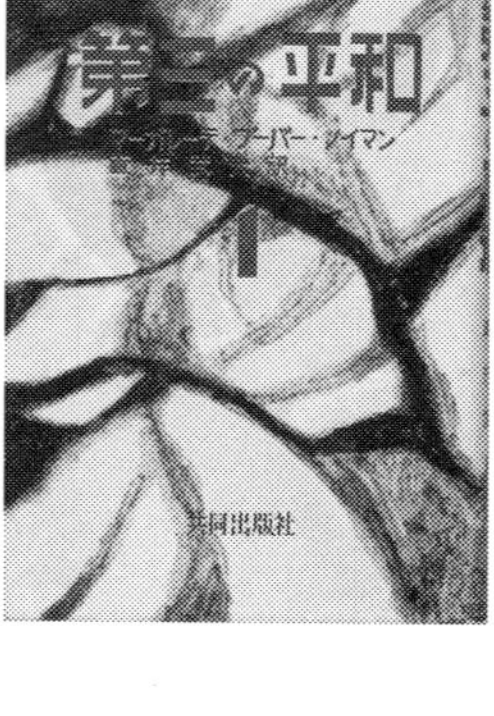

一九五四年に邦訳・刊行されたマルガレーテ・ブーバー＝ノイマンの最初の著書『第三の平和』全二巻は、いまではそれが出版されていたこと自体さえ全く忘れ去られてしまった本だといっても、おそらくいいすぎにはならないだろうと思います。私は、この本の存在についてふれている日本人の文章をこれまで一度も眼にしたことがなく、また、読んだことがあるという人に

も一人として出会ったことがありません。

ほぼ三十年ちかく経たいまでも、『第三の平和』をはじめて読んだ時の、それこそ胃が痛くなるような衝撃を私はありありと記憶しています。原書のタイトルは『スターリンとヒトラーの囚人として』ですが、この本の内容はその書名のとおり、一九三八年からソ連の強制収容所で二年、そして、一九四〇年から五年ナチス・ドイツの強制収容所で生きなければならなかった著者の回想記です。私たちは現在、ナチス・ドイツとソ連の強制収容所でのさまざまな体験記を読むことができます。しかし、一人でソ連とナチス・ドイツの強制収容所の両方を生き、その体験を書き綴ったのは、この本一冊だけしかありません。

著者は、ドイツ共産党の最高幹部の一人ハインツ・ノイマンの妻でした。ノイマン夫妻は一九三五年に、ヒトラーの手をのがれてモスクワに亡命します。だが翌々年ハインツはスターリンによって粛清され、著者もまたそのあと裁判もなしにカラガンダの強制収容所行きとなり、二年間の苛酷な重労働を課せられるのです。そして一言の説明もないまま突然ナチス・ドイツに引渡され、こんどはソ連のスパイとして、「女だけの地獄」とよばれていたラーヴェンスブリュックの女性強制収容所に送られてしまうのです。

不条理と絶望の極限に置かれながら、著者は生き残りました。その理由について彼女は強い身体をもっていたこと、さらになによりも、自尊心を保ち続けることと同時に友情をつくりだす努力だといっています。例えばカフカの恋人として有名なあのミレナと著者は深い友情を結びます。のちにブーバー＝ノイマン夫人は、きわめて感動的な『カフカの恋人　ミレナ』という伝記を書きました。本書とちがって、それはいまでも手に入ります（平凡社刊）。比類のない時代の証言であるこの本もまた、読めるようになるといいのですが。

朝鮮の舞姫・若き日の宣言

崔承喜著

『私の自叙伝』

日本書荘
一九三六年刊

崔承喜《さいしょうき》——この朝鮮女性の名前は、おそらく六十五歳以上の方だったら、ほとんどの人が記憶していることだろうと思います。彼女は戦前、昭和九年から同十九年にかけて十年余の間、日本で大活躍をした舞踊家でした。近代舞踊を石井漠から学んだ彼女の朝鮮舞踊は、歌舞伎座や帝国劇場をいつも超満員にするほど大衆的人気を集め、「六代目（菊五郎）、藤原義江、崔承喜」とい

う言葉が生まれたことからもわかるように、昭和十年代におけるスーパー・スターの一人だったのです。

「袖を翻して舞えば、高貴にして豊満華麗、軽やかな動きから漲り溢れるユウモア。恵まれた才能と肉体と、たぐいない女性だった。」と、崔承喜について町田孝子はその日本の近現代舞踊史の全体像を描いた著書『日本の舞踊』のなかで記していますが、彼女の踊りは、まさに満天下を魅了しつくしたのでした。

そして、崔承喜の名声は、日本だけのものではなかったのです。彼女は、昭和十三年から三年間、アメリカ、ヨーロッパ、それに南米の各地で一五〇回公演し、イサドラ・ダンカン、アルヘンティーナに比せられる世紀の舞姫として賞讃されました。アジアの女性舞踊家でこれだけの世界的評価をかちえることができたのは、唯一人崔承喜しかおりません。

本書『私の自叙伝』が出版されたのは、昭和十一年、崔承喜が二十三歳のときでした。昭和九年に、川端康成によって「日本一の女流新進舞踊家」と絶讃され、また昭和十一年に主演映画『半島の舞姫』が公開された、ほぼ半年後のことです。

この自伝は、一見さり気ない平易な筆致で、ソウルで生まれたときのことから、日本でソロ・ダンサーとして出発するまでを書いていています。だがよく読むと、その文章の奥底をつらぬいているのは、彼女と彼女の夫が参加していた「朝鮮プロレタリア芸術同盟」が苛酷な弾圧によって活動不能になったあと、支配者日本において民族芸術を再創造しようという強烈な決意の宣言です。

崔承喜は、その決意をあらゆる困苦に耐えながらみごとに果しました。彼女がつくりだした美と魅力は、日本の植民地支配への芸術的抗議となり、また、屈辱と差別のどん底にあった在日民族同胞への限りない励ましとなったのでした。その意味でこの自伝は、戦前の若き朝鮮女性の創造的宣言を告知した、じつに貴重な記念碑的書物なのです。

地の塩のさわやかさ

高井としを著『わたしの「女工哀史」』

草土文化
一九八〇年刊

大正四（一九一五）年のことです。十二歳の少女が奈良県のある紡績工場で働きはじめました。その工場には、朝鮮人の女工たちも大勢おりました。「機織りバッタが人間ならば、蝶々トンボも鳥のうち」と唱われたくらい、当時紡績女工たちは半奴隷的状態におかれていたのですが、朝鮮人女工はさらに劣悪な条件で働かされ、日本人には口もきいてもらえないような差別的仕打ち

をうけていました。

それをみたその十二歳の少女は、毎晩のように朝鮮人女工たちの部屋にあそびにいきました。そして、朝鮮の乙女みたいに髪を三つ編みにあんでもらったりされるほどまでに、少女は朝鮮人女工たちとすっかり心をかよわせ合うまでになったのです。「朝鮮人のマネなんかして」とみんなから笑い物にされるのですが、少女は全く平気でした。十二歳のその少女にとって、なによりも許せないのが弱い者いじめだったからです。少女はそれ以来、そのながい一生のすべてを弱い者いじめとのたたかいでつらぬきとおしたのでした。

その言葉のもとになった本はよんでいなくとも、「女工哀史」という表現はだれもが知っています。「女工哀史」という言葉がつかわれるようになったのは、大正十四（一九二五）年、細井和喜蔵の著書『女工哀史』（岩波文庫所収）が出版されてからです。紡績工場をクビにされた、病弱で無名の一労働者である細井和喜蔵が、その内容、その著述の仕方において後世に残る不朽の名著といえる本を完成することができたのは、紡績女工である一人の女性のおかげでした。細井和喜蔵と「友情結婚」をしたその女性の存在と支えがなかったなら、『女工哀史』という本はこの世に出ることはなかったでしょう。その細井和喜蔵の「妻」となった女性が高井としをさん、ほかならぬ朝鮮人女工たちに髪をあんでもらった、十二歳の少女だったのです。

『わたしの「女工哀史」』は、高井さんが七十八歳の時に出版された自伝です。炭焼きの子として生まれ、小学校も三ヵ月しか行けなかった子供時代のことから、女工生活、細井和喜蔵との出会い、晩年の全日自労での活動までを、まさに地の塩として生きぬいたひとだけがもつことができる爽やかさで物語っています。サヤ豆を育てたことについてかつて風が誇らなかったように——という中野重治の詩句がありますが、この本は、風のような女性が書いたのです。

偉大なる〃生命の母〃の物語

『われらをめぐる海』

レイチェル・カーソン著　日下実男訳

ハヤカワ文庫
一九七七年刊

＊初版本
『海・その科学とロマンス』

レイチェル・カースンの名前は、日本では、彼女の生前最後の著書『沈黙の春』によってひろく知られています。『沈黙の春』は、農薬などの化学物質による環境汚染の恐しさについて、世界で最初に警告を発したまさに画期的な著作でした。もしも、カースンの死の二年前である一九六二年にそれが出版されていなかったなら、エコロジー問題への世界の人びとの目覚めは、もったしたのです。

と先のことになったにちがいないと言われるほど、『沈黙の春』はじつに大きな歴史的役割を果

　その現代の古典とよぶべき『沈黙の春』のようには、日本では大きな話題となることはなかったのですが、私は、カースンが一九五一年に発表した『われらをめぐる海』もまた、忘れ去られてしまうには惜しい古典的名著だと思います。これほど読むよろこび・知るよろこびを、深ぶかと与えてくれる書物はめったにあるものではないと断言できる一冊なのです。

　この本は刊行と同時にベストセラーになり、アメリカではカースンはそれによって世に知られる存在になったのでした。「文学上の天才をあわせ持つ科学者は一世紀に一人か二人しか現われない。カースン女史は、まさにその一人である」と当時『ニューヨークタイムス』の書評は絶讃しましたが、たしかに、自然としての海の全体像をその複雑・広大な時空にそって、科学が詩を生み、詩が科学を生むようなまなざしで鮮かに魅力的に描くことができたのは、唯一人カースンだけなのです。

　私は、この本には格別の思い出があります。日本でその邦訳が『海・その科学とロマンス』（日高孝次訳・文藝春秋新社刊）という書名で出たのは、一九五二年のことでした。その頃少年の私はある事情があって、この世から早くオサラバすることばかりを考えていたのですが、たま

たま学校にあったその本を読んで、日々の暗い想いから抜けでることができたのです。その本ではじめて私は人間の血管の中の塩からい液体の流れには、ナトリウム、カリウムなどの元素が海水とほとんど同じ割合でふくまれていることなどを知ったのですが、いわばカースンが自然や生命への広びろとした眺望の扉をいっぱいに開いてくれたことによって、少年の私は生きる意欲をもつことができたのでしょう。

こんど読み返してみて、この素晴しい生命の母の海の物語は、女性科学者だからこそ書けたのだと思いました。

〃大きさは測るべからず〃

秋元松代著
『秋元松代全作品集』全三巻

大和書房
一九七六年刊

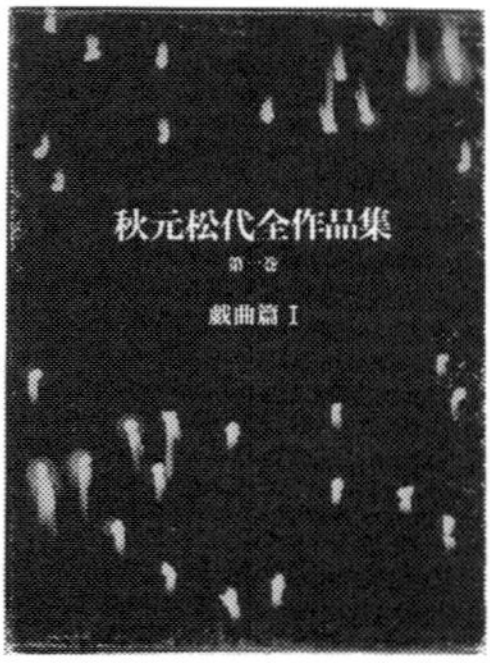

昨年（一九九一年）の六月、秋元松代さんの戯曲『山ほととぎすほしいまま』と『七人みさき』が上演されました。それも、後者のほうは二つの劇場での競演というかたちになりました。ひと月の間に一人の劇作家の作品が、三つの劇場にかかるということはめったにあることではありません。そのためか大変話題になりました。

しかし私は、それらの舞台をみたあと、二重の意味で暗澹たる気分におちいってしまいました。第一に、その六月のどの舞台も、私の敬愛してやまない秋元さんの作品を裏切るようなものであったこと、そして第二に、秋元さんの戯曲を収めた本が、すべて絶版になっていることを知ったためでした。私はあらためて秋元さんの不幸と同時に、金満ニッポンのどうしようもない文化的貧困を心底痛感しないわけにはいきませんでした。六月の三つの舞台からだけ秋元さんの作品の創造性を考えるのと、そして戯曲を読んでから舞台をみ、また舞台をみてから戯曲を読んで秋元さんの作品の世界にふれていくのとでは、その間には雲泥の隔りが生まれるといってもすこしも過言ではないからです。

その意味で、一九七六年に大和書房から刊行されていた『秋元松代全作品集』全三巻が絶版になり、しかも古本屋でも殆んど入手不能になっている現在の状態は、著者秋元さんにとってというより以上に、ほかならぬ私たち――とりわけ日本の女性たちにとって、全く残念なことだといわなければなりません。

かつて、戦後日本の最高の創造的批評家である故花田清輝さんは、秋元さんの作品『常陸坊海尊』をめぐって、「この山の大きさは測るべからず」という柳田國男の『遠野物語』の言葉をひいて激賞し、仮借するところのないリアリストの眼と、かぎりなく寛容でやさしい眼で日本人の魂をえぐりだしていると書きましたが、こうした花田さんの指摘は、秋元さんの仕事の根底にある核心をくっきりと言い当てています。

私が日本のフェミニズム批評に不信をもっているのは、例えば『女の病気――女性・狂気・英国文化』の著者エレイン・ショーウォーターあたりだったら、全力で論じたであろうような、誠実な戦闘性と戦慄的といえるほどの劇的表現力で日本の女性の深部の声を多声的に捉えた秋元さんを、だれ一人としてまともに論じようとしないからです。

私はいま、秋元さんが新しく読まれなければならない時代が来ていると思います。『秋元松代全作品集』の復刊を、心から期待します。

離脱と問うこと

『私のなかの「ユダヤ人」』

広河ルティ著

集英社
一九八二年刊

第二回PLAYBOYドキュメント・ファイル大賞を受賞し、一九八二年暮れに集英社から刊行されたユダヤ系ポーランド人の娘である著者が書いたこの本は、世界的にもたぐいのない手記です。これほどまでに徹底的な誠実さで、人間の本当の意味でのアイデンティティとはなんであるのかを問いかけた著作に、私はそれまで出会ったことがありません。

フランス語、ヘブライ語、英語、日本語等を使って完成された大変な労苦に支えられたこの手記が書かれた動機となった一つは、ルティさんが日本の法務省によって無国籍者にされてしまったことにあります。フランス国籍の著者は日本人と結婚し、二人の子どもがいて日本に在住して十二年余りになっていました。そして帰化申請をするのですが、法務省はフランス国籍の離脱を指導しておきながら、その直後にルティさんの帰化申請を却下してしまうのです。「日本社会への同化の程度に疑問がもたれたためである」というたった一行の通達だけで。日本の法律を守り、税金もきちんと収め、日本人男性と結婚している「簡易帰化」の条件をみたしているにもかかわらず申請を却下し、かつ、その却下理由の開示も拒否したのです。

じつは理由はハッキリしているのです。それはルティさんが、ほかならぬイスラエル国家への批判者であり、ユダヤ人とパレスチナ人との真の共生を求めている存在だったからです。

ルティさんは、十九歳の時パリからイスラエルに移ります。そして彼女は知るのです。あのフランスの作家ジャン・ジュネが、ユダヤ人がパレスチナ人の足もとからあたかもカーペットを引き抜くように大地を引き抜いた、と表現した現実の姿と歴史を。ルティさんは恥じ、拒否します。おのれの国家と民族のエゴイズムの血まみれた犯罪を。しかしそのことは同時に、両親や姉たちとの苦しい別れを意味していました。

この本は、著者のさまざまな感動と衝撃にみちたエピソードの数々によるイスラエルからの離脱の話と同時に、いわばアンチ・セミティズム（反ユダヤ主義：編集部注）と同じコインの裏表にあるシオニズムの非正当性に光をあてる作業が語られています。その作業にみられる彼女の努力のねばり強さと徹底性は、まさに驚嘆に価いします。私たちはその著者の追究の展開から、瞠目すべき多くのことを知るでしょう。

ルティさんの離脱と問いかけは、人間の真正な勇気というものを証し立てるものであり、また、今なによりも求められている民族の共生のための、私たちの基本的な姿勢を指し示しています。

絵本共和国のグランド・マザー

ベッティーナ・ヒューリマン著　宇沢浩子訳

『七つの屋根の下で――ある絵本作りの人生』

日本エディタースクール出版部
一九八一年刊

人生は時としてたった一遍だけしか会ったことがないというのに、忘れられないどころかむしろ逆に、時が過ぎればすぎる程、かえってその人のことが一層鮮明に繰り返し思い出されてくるような、そういう質の記憶をこちらに残していく、きわめてたぐいまれな人に出会うことがあります。私の場合は、『幼い子の文学』（中公新書）や『落穂ひろい――日本の子どもの文化をめぐる

人びと』（福音館書店）などのすばらしい本の著者瀬田貞二さんが、まさにそういう存在でした。お会いした時瀬田さんは、アイルランドの面白い民話やエリナ・ファージョンの詩のこと、私の大好きな童画家茂田井武さんのこと、そして、平凡社での『児童百科事典』編集長時代の苦労話などを話して下さったのですが、いくらかはにかみをふくんだその穏やかでやさしい物腰の奥底には、子ども文化の共和国をつくるために徹底的に奉仕しようという、瀬田さんのきびしいまでの断固たる意志があふれているのがひしひしと感じられました。

私は自らのあらゆる能力と時間を、子どもたちにむかって開放しなくてはならない——と、瀬田さんが日本の敗戦の日に兵営の中で日記に書きつけていたという話を、瀬田さんが亡くなれたあとに知った時、私はあらためて瀬田さんの温和さが放射していた、ラディカルなアウラとでもいうべきものを想い起さないわけにはいきませんでした。

いきなり瀬田さんのことから書き出したのは、ほかでもなく、邦訳で「ある絵本作りの人生」という副題が付されたこの本の書き手が、私にはどうしても瀬田さんとダブってみえてしまうからです。ベッティーナ・ヒューリマンさんには、児童文学研究者ならだれでも知っている『子どもの本の世界——三〇〇年の歩み』（野村泫訳・福音館書店刊）という大冊の見事な名著があります。そのとてつもない博捜力と、みがきぬかれた感性と見識に支えられたその本は、学者的な研究とはちがった文化を創造する市民的情熱と批評精神、いいかえれば、未来の市民である子どもたちのための子ども文化世界共和国づくりへの夢が、まるで感動的なまでに息づいています。つまり、まるで瀬田さんのように。

このスイスの瀬田さん——世界の子どもの本関係者からグランド・マザーのように親しまれていた出版者・編集者・研究者・批評家である女性の自伝は、どのようにして創造的市民として自らを鍛えあげていったか、その秘密を淡々とのべていますが、同時にまたそれは、どんな人びとと彼女が出会ったかを語ることでもあるのです。

＊

私はベッティーナ・ヒューリマンさんのこの自伝を読み、そして、彼女の父親がグスタフ・キーペンホイヤーであることをはじめて知った時、大きな興奮を禁じえませんでした。その父親とは、劇作家・詩人のエルンスト・トラー、最近日本でも、映画『聖なる酔っぱらいの伝説』の原作者として広く知られるようになった作家ヨーゼフ・ロート、表現主義演劇での最も巨きな存在であったエルンスト・カイザーなどをはじめとして、いわゆる「黄金の二〇年代」をつくりだした多くの作家の作品を出版した、キーペンホイヤー社のキーペンホイヤーでした。彼はまた、一九三〇年代のはじめに、『三文オペラ』で有名な十巻のベルトルト・ブレヒトの著作集も出版しましたが、私が愛読した『子どもの本の世界——三〇〇年の歩み』の著者の父親はほかでもない、かつて若き日の私が古本屋から古本屋へと歩いて、血眼になって買い集め、読み続けていった作品や本たちの刊行者だったのです。

たぶん、そんな児童文学史研究書はほかにはないだろうと思いますが、右のベッティーナさんの本は、ブレヒトの『少年十字軍』というバラードにふれることによって、本の最後を閉じています。前号で私は、その本はみがきぬかれた感性と見識に支えられていると書きましたが、絵本共和国のグランド・マザーのたぐいない感性と見識は、父親と関係する「黄金の二〇年代」芸術の最良のものの吸収に、その出発点があることを彼女の自伝は教えてくれています。

また同時に、この自伝のなかに、リンドグレーンのあの『ながくつしたのピッピ』がドイツ語圏の教育者や親たちに評判が悪かったのに対して、彼女が擁護し、そしてついにアンデルセン賞をもらうくだりがありますが、そうした子どもたちの精神の自由を求める彼女のあたたかな戦闘性の底にあるものが、ナチズムが「黄金の二〇年代」の芸術家たちを亡命や自殺（彼女がいちばん好きだったトラーは、亡命先のニューヨークで首を縊って死ぬのです）に追いやったことへの、深い怒りであることもよく分ります。

この本は、現代の創造的文化の担い手、まさにベルーフ——つまり使命としての職業を択び、それに徹した女性の中味がびっしりとつまった自画像として、他に例のないものです（そのことを、声低く語っているという点でも）。「黄金の二〇年代」の人びとの回想と共に、『暮しの手帖』創刊者花森安治さんの魂の師だった英国のエリック・ギルや、スタンリー・モリソンから活字や植字のことなど、彼女が活版印刷術を心を打ち込んで学ぶ体験にも私ははげしく心をうたれました。すぐれた出版文化は、本のページの活字の部分の間隙《ギャップ》の問題に魅惑されるような人からこそ、生みだされるのです。この自伝については、じつはもっとたくさん言いたいことがあるのですが、これ以上紙数がないのが、まったく残念です。

文化の根としての女の力

『木綿口伝』

福井貞子著

法政大学出版局
一九八四年刊

関西在住の七人の女性たちによってつくられた『女の本がいっぱい』（創元社刊）という、多領域の七一六冊におよぶ女性関係のブック・ガイドの本があります。五年前に刊行されたその女性の本のための本は、労作とよぶにふさわしい成果となっていますが、しかし、探索と目配りの大変な努力にもかかわらず、一九八四年に法政大学出版局から出版されている福井貞子さんの

『木綿口伝』を挙げていないのは、とても残念なことです。

私は、この著者の二十年余りの歳月をかけた、ねばり強い地道な営為の結実である『木綿口伝』は、日本の布地とその布地をつくりあげてきた女性たちの内面の深い声をみごとに語らせることができた、じつに得難い名著だと思います。織物に関する書物は、それこそ山のように出ています。しかし、「織物を知ることは、すべてを知ることにちかい」(『色とつやの日本文化』筑摩書房刊)という日本文化研究家の故戸井田道三さんの名言がありますが、そのことのもつ意味を骨身に沁みるまでに実感させてくれる著作は、この福井貞子さんの本以外に、そう何冊もあるわけではありません。

最近私は、女性文化運動グループ「糸車座」の人たちによる共同制作構成朗読劇『キルト物語——布のいのちと女たちのいのち』(『美術運動』No.123/124合併号、特集「フェミニズムと表現」に掲載)の台本づくりと上演に協力しました。そして、その協力作業のあいだ中、私の意欲と思考の源泉となっていたのが、ほかならぬ本書『木綿口伝』だったのです。あの民俗学者柳田國男の、村のおじいさんよりもおばあさんの話に傾聴するに足るものが多い、と弟子たちに注意していたというエピソードが残されていますが、まさにこの本には、傾聴すべきおばあさんの話がたくさん盛り込まれています。

著者の福井貞子さんは、高校教師をしながら住んでおられる山陰地方を根拠地にして、口の堅い老女たちから四分の一世紀ちかい聞き書きを重ねて、幾代にも伝えられてきた手づくりの木綿文化史を立体的に掘り起したのです。その掘り起しは、女たちの抑圧と困苦と同時に、木綿文化の技術と歴史を支えてきた女たちの生の精神史、感動的な女たちの生きた創造性を照らし出しています。たとえば、わずかに所有できた屑糸を使って、「やたら縞」という絶妙な美をつくり出していったことなど。

本書はいま（一九九二年）品切れですが、今秋（刊行が遅れ二〇〇〇年刊：編集部注）に増補改訂版が出るそうです。それを機会に、とくに若い女性やまた男性たちにもこの一冊が読まれんことを。なぜならそれは、現代過剰浪費社会への根底的批評も発信しているからです。

無限の〝やさしさ〟からの告発

砂沢クラ著

『ク　スクップ　オルシペ——私の一代の話』

北海道新聞社
一九八三年刊

おそらく梅原猛氏みたいな人を、典型的なエセ思想家というべきなのでしょう。梅原氏は「人類思想の再生をめざして」というお題目のもとに、アイヌ文化の再評価を主張しています。つまり、人間・動物・植物一体観のアイヌ文化こそ日本文化の基底であり、その原初的な世界観が、今日の自然破壊から地球と人類を救うというのです。

しかし梅原氏は、和人《シャモ》によるアイヌの人びとの土地を奪い、言語も文化も剥奪し、人間的誇りも破壊してきた苛酷きわまりない迫害と差別の歴史には、一言も言及しようとはしません。昨年（一九九一年）、戦後生まれのアイヌ女性チカップ美恵子さんが、『風のめぐみ——アイヌ民族の文化と人権』（御茶の水書房刊）という感動的な文集を出版しました。その本でチカップさんは、和人によるアイヌ絶滅政策の歴史を追及しつつ、同時に現在のアイヌ差別と、そして、〝開発〟の名の下での「アイヌ・モシリ（人間の大地）」の破壊への怒りを書いています。かつてイギリスの女性旅行家イザベラ・バードが「筆舌に尽しがたいほど美しい森や山や川」と驚嘆したアイヌの聖地二風谷《にぶたに》や沙流川《さるがわ》（私も二十五年前に行き、バードのようにその美しさに驚きました）は、いま、ダムやゴルフ場の建設によって水底に沈められ、汚されようとしているのです。私は、梅原氏が「アイヌ・モシリ」の破壊に抗議したという話を、ついぞ聞いたことがありません。

チカップさんたちは、アイヌの人権をたたかいとるために、アイヌ文化ルネッサンスにむけての作業を展開しています。刺繍、歌、踊り等を中心にして。そして、こうしたチカップさんたちのルネッサンス運動を可能にした土壌を、それこそ地底から支えてきたのが、一九八三年に刊行されたこの『ク スクップ オルシペ——私の一代の話』の著者砂沢クラさんのような女性です。砂沢さんのような人が、アイヌ女性であったためのとてつもない辛苦と悲哀に耐えながら、民族の精神と文化を誇りをもって守り通してきたからなのです。

著者は、一八九七（明治三十）年生まれ。この本は、その八十七歳に至るまでのアイヌ女性のながい生の歩みの一つ一つを、書きためていたノートと絵をもとにして克明に物語ったものです。「アイヌが来た」という嘲弄に象徴される人生の牢獄の中で、砂沢さんはユーカラや伝統工芸を継承しつつ生き抜いたのです。来年（一九九三年）の「国際先住民年」を前にしたいま、人生の重みと無限のやさしい心で織られたこの類いのない記録と告発の書が、チカップさんの本と一緒に是非読まれてほしいと私は思います。

祈りとしての悲歌

生野幸吉訳

「ネリー・ザックス詩集」

『ノーベル賞文学全集24』

主婦の友社

一九七二年刊

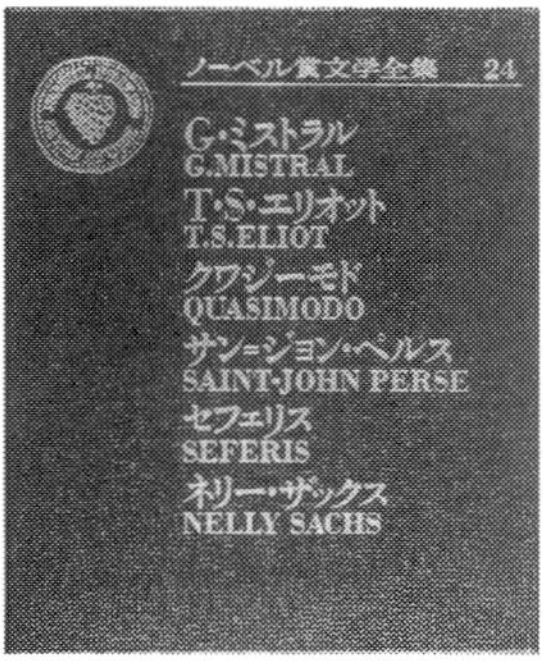

「足音が近づいた。……ドアは、引き剥がされる最初の皮膚だ。」――これは、労働（強制）収容所への出頭命令直後に、ナチス・ドイツから辛うじて老いた母親と一緒に亡命することができた、ユダヤ人女性の詩人ネリー・ザックスの文章の一片です。私はネリー・ザックスのこの表現ほどに、ユダヤ人狩り――強制収容所行きの恐怖を、驚くべき簡潔さで結晶化している言葉に出

会ったことがありません。

幸運な偶然と、かつて日本でも作品集が出されたことがある、高名なスウェーデンの女性作家ラーゲルレーヴの助力によって、ネリー・ザックスはベルリンを脱出することができました。とはいえ彼女はその時まで、婚約者をはじめ、近親・遠親、そして友人の人たちが一人・二人と強制連行されていくのを、社会的追放者として身を凍らせてみていなければならない日々が続いたのです。そして、生きて戦後をむかえることができたのは、ネリー以外だれ一人いませんでした。「イスラエルの肉体が煙に溶けて／大気の中を昇ったとき——」という彼女の詩句がありますが、全員、強制収容所で殺されたのです。

一九四七年、ネリー・ザックスは戦後の第一詩集『死神《しにがみ》の住家《すみか》で』を発表しました。「わが死せる兄弟と姉妹に」という副題が付されているそれは、絶唱とよぶ以外にはない『死んだ子が言う』をはじめとして、もはや語ることがない死者たちの無量の想いを、全霊をこめて詩的言語に写しとっています。その凝縮されたイメージ群は、事実そのままを描く叙述では決して喚起しえない心象《ヴィジョン》をよびおこします。

旧西独の詩人・批評家であるエンツェンスベルガーは、「ネリー・ザックスにとっての本当の不幸は、他人の不幸だった」と指摘していますが、本紙の共同書評の場で上坂冬子氏らの朝鮮人従軍慰安婦問題への冷笑的対応のことが話題になったさい、私は以前胸底に染み渡るようにふれてきた「ネリー・ザックス詩集」（『ノーベル賞文学全集』24所収）の存在を想い起さないわけにはいきませんでした。上坂氏らの発言には、それこそ「他人の不幸」へのほんのわずかな想像力もないからです。

ザックスの詩の歩みは、ユダヤ人の運命から始まってそれは一つの民族を越えた、すべての苦しみ耐え忍ぶ人たちの代弁へと高められました。いま日本で、ザックスのことを「僕の大事な大事なネリー！」と言い続けたパウル・ツェランの全詩集が刊行され始めましたが、そのネリー・ザックスの詩集の存在も忘れてはならないでしょう。それこそそれは、「大事な大事な」詩集です。

二〇世紀的精神のオアシスの女《ひと》

シルヴィア・ビーチ著　中山末喜訳

『シェイクスピア・アンド・カンパニイ書店』

河出書房
一九七四年刊

パリでの青春時代を回想したあの魅力的な作品『移動祝祭日』のなかで、ヘミングウェイはこの本の著者シルヴィア・ビーチの繊細で控え目な、しかしまた同時にユーモアに包まれているやさしさについて、とても印象的に書きとめています。

「ここは、あたたかくて、陽気な場所であった。」——とヘミングウェイが愛情こめてふりかえっているパリのオデオン通りの静かな小路にあったシェイクスピア・アンド・カンパニイ書店は、三十二歳のアメリカ人女性シルヴィアが一九一九年末にひらいた貸本屋兼書店でした。しかし、シェイクスピアの肖像の看板を掛けたその小さな店は、英米の最良の文学書の集積と、絵画的美しさともいえるような内部空間の造型と居心地の良さ、そしてなによりも女主人の比類なき人間性によって、当時の創造的精神のもち主たちを吸いよせたのです。

はじめは無名だったヘミングウェイをはじめとする、パリにいたいわゆる「失われた世代《ロスト・ジェネレーション》」とよばれたアメリカの文学青年をはじめとして、アンドレ・ジイド、ポール・ヴァレリー、ジャン・ポーラン、アンリ・ミショーといったフランスの代表的な作家・詩人・評論家たち、またイギリス人のエズラ・パウンド、スペンダー、T・S・エリオット、さらにはベケットなども、その書店を、砂漠のなかのオアシスのようにして集まったのです。二〇世紀的芸術家たちの中心に置かなければならないソ連の映画監督エイゼンシュテインは、ある回想的文章のなかで、「いったいシルヴィアが知らなかった作家がいただろうか！」と驚きの言葉を記していますが、その本狂いの彼も、シルヴィアを、シェイクスピア・アンド・カンパニイ書店を心から愛していたのです。

そして、シルヴィアについて、また、シェイクスピア・アンド・カンパニイ書店について特筆しなければならないのは、二〇世紀文学における最高の作品ということのできるジェイムス・ジョイスの『ユリシーズ』の刊行です。もし損得を超越した、真に創造的なものへの認識力と愛に支えられたシルヴィアの全身的献身と賢明なる努力がなかったとすれば、『ユリシーズ』は完成しなかったかもしれません。

シルヴィアの足跡の研究者フィッチは、「唯一、真の旅とは、ある風景へと赴くことではなく、百人の他人の眼で全世界を眺めわたすことだ」というプルーストの言葉を彼女に捧げていますが、一九五九年、その死の三年前に刊行した本書は、人生の旅を真の旅としえた女性の、奥床しい、じつに見事な自画像です。

炎の墓碑銘《エピタフィオス》

『ひとりの男』

オリアーナ・ファラーチ著　望月紀子訳

講談社
一九八二年刊

一九八二年に講談社から刊行されたこの長編小説は、まずその本としての外装からして、それまでに類のない、日本の出版界の常識からは考えられないものでした。カバーの表側にはクリーム色がかった白地の上に、ただ作者の名前と題名があるだけで、本の背には訳者名さえもないのです。あとは、カバーの裏側に作者のモノクロの顔写真が印刷されていますが、帯もなく、本体

には訳者のあとがきや解説といったようなものも、いっさい付されていません。

したがって一見しただけでは、それが一体なんの本なのか、皆目見当もつかないようになっているのです。まったく素っ気ない、四六判8ポ二段組五百三十六ページの分厚いその本は、まるで読まれることを拒絶しているかのような印象すら与えるものでした。

じつはこの型破りな本づくりは、作者の断固とした要求のためだったらしいのですが、常識はずれのように見えるその要求は、おそらく作者がこの小説の出来栄えに深い自信をもっていること、そしてまたなによりも、人生においてもっとも愛した男への痛切な墓碑銘《エピタフィオス》である心血を注いだかけがえのない本作品を、商業主義的なセンセーショナリズムの手に委ねたくなかったからでしょう。

この長編小説の中で何千回以上も〈あなた〉と呼びかけられている主人公のアレコスは、アレクサンドロス・パナグリスという実在の人物です。イヴ・モンタン主演の映画『Z』を観た方はよくお分かりだろうと思いますが、戦後ギリシァの「大佐たちの独裁」とよばれている軍事政権の暴圧性・残虐性はとてつもないものでした。アレコスは、謀殺・投獄・拷問をしつづけてきた特務機関の将校から独裁者となったパパドロス大佐の襲撃を企てるなど、一度の判決で二回の死刑と禁固二十年の刑を定められたほどの闘士だったのです。

少女時代に反ナチ・パルチザン部隊で育ち、その後徹底した反権力主義ジャーナリストとして世界的存在となった作者ファラーチは、ローマ教皇をはじめとする国際世論の力で釈放されたアレコスと激しい恋におちます。そして、「民主化」の名のもとの権力の詭計をあくまで追求した末に、自動車事故にみせかけたアレコス暗殺までの三年間、同棲生活をおくったのでした。

この翻訳は刊行当時、壮絶なラブストーリーとして評判になりました。たしかに、これほどまでに真の愛の相互性——その友愛的抗争とでもいうべきものを、深々と圧倒的なまでに追究した小説はありません。しかし同時にそれは、〈権力〉という化物を透視した政治小説でもあるのです。その豊饒な重層性が、本書を記憶に価するものにしています。

「脊梁骨《せきりょうこつ》を提起する」精神

幸田文著

『ちぎれ雲』『こんなこと』他

創元社
一九五〇年刊

新潮社
一九五六年刊

本紙先月号（一九九二年九月）の一面での彫刻家バルラハをめぐる高坂潤子さんの文章のなかで、「見る《ゼーエン》」ことではなく「観る《シャウエン》」ことの重要性が強調されていました。「観る《シャウエン》」こと――それは言いかえれば、眼で考えることができる精神、あるいは考える眼をもった精神をさしているのだと思います。つまり、やはり先月号の陸沈さんの読者投稿への応答での言葉をつかわせてもら

うなら、「見る《ゼーエン》」ことが「思考停止状態」をそのまま受動的に生きてしまうことだとすれば、「観る《シャウエン》」ことは、思考を生みだすまなざしの運動をもつことです。

その意味からいえば、いま、いろいろな人たちからの静かな、しかし深い反応をよびおこしつつある幸田文さんの、昨年からことしにかけて続けて刊行された『崩れ』（講談社刊）と『木』（新潮社刊）の二冊は、それこそ、まさしくいま私たちが共働で形成していかなければならない「観る《シャウエン》」ことの精神の運動のための、生きた手本となっているみごとな結実だということができます。この、一昨年八十六歳で亡くなられた幸田文さんが、おどろくべきことに主として七十代で書きすすめられて来た二冊は、なによりも〝ＤＩＹ〟（一九九五年一二月号より《本の花束》に改題）一面でこそとりあげなければならない、真の意味での労作だと私は思いました。

そして私は、幸田文さんの晩年の成果を読みながら、同時に、三十五年前の昔にひそかに愛読していた、幸田文さんの初期の著作群からうけた大きな感動が、まざまざとよみがえってきました。

いちばん最初に出会った幸田文さんの文章は、父幸田露伴の末期を記した「終焉」（『ちぎれ雲』所収）でした。その文章の、「仰臥し、左の掌を上にして額に當て、右手は私の裸の右腕にかけ、『い、かい』と云つた。つめたい手であつた。よく理解できなくて黙つてゐると、重ねて、

『おまへはい、かい』と訊かれた。「はい、よろしうございます」と答へた。あの時から私に父の一部分は移され、整へられてあつたやうに思ふ。うそでなく、よしといふ心はすでにもつてゐた。手の平と一緒にうなづいて、『ぢやあおれはもう死んぢやふよ』と何の表情もない、穏かな目であつた。私にも特別な感動も涙も無かつた。別れだと知つた。『はい』と一ト言。別れすらが終つたのであつた。」

という結びのところを眼にして、私は、すっかり、驚嘆させられてしまったのです。こういうふうに死をむかえることができる父親はどんな人なのか。また、父親の死をめぐってこのような文章を書く娘は、いったいどんな人なのか。——その驚きから、私は当時手に入る幸田文さんのすべての本を探し求めて読んだのでした。そして、文庫本の露伴の本も。

＊

幸田文さんの初期の文章たちは、父幸田露伴のことが回転軸になって書かれました。しかしそれらは、単なるエライ父親についての平べったい思い出話ではなく、文格の高い美しいみごとな作品群となっています。幸田家では、文さんの祖母をはじめとして、「脊梁骨《せきりょうこつ》を提起しろ」——つまり、「背骨《せぼね》の押っ立った人間であれ」という言葉が、よく用いられたようですが、まさしく幸田文さん自身が「脊梁骨を提起する」精神のもち主だったのです。だからこそ私たちにとって実質的に必要だといえる仕方で、もう一人の「脊梁骨を提起する」精神のもち主である幸田露伴というたぐいない個性を描くことができたのです。

幸田文さんの『父—その死』（中央公論社・一九四九年刊、現新潮文庫『父・こんなこと』に併録）、『こんなこと』（創元社・一九五〇年刊）、『黒い裾』（中央公論社・一九五五年刊）、『ちぎれ雲』等々での父親についての回想は鏡ではなく、いってみれば投光器によって書かれたのです。

私は幸田文さんの本から、じつに多くのことを学びました。『ちぎれ雲』のなかの「結ぶこと」でのつぎのような一節は、私の読書生活での最高の指針となり続けています。

「私があるとき、ひよつと『本を読んでものがわかるといふのはどういふこと?』と訊いて、たゞ一ツだけ父の読書について拾つておいたことばがある。——『氷の張るやうなものだ』である。一ツの知識がつつと水の上へ直線の手を伸ばす、その直線の手からは又も一ツの知識の直線が派生する、派生はさらに派生をふやす、そして近い直線の先端と先端とはあるとき急に牽きあひ伸びあつて結合する。すると直線の環に圍まれた内側の水面には薄氷が行きわたる。それが『わかる』といふことだと云ふ。だから私は一ツおぼえに、知識は伸びる手であり、『わかる』というふのは結ぶことだとおもつてゐ」る。

そして、私自身が家庭というものを殆ど体験せずに育った青年だったせいかもしれませんが、

『こんなこと』での露伴の、掃除の仕方、豆腐の切り方、障子の張り方といった家事一切、生活万般についての教え方にも私ははげしく心をうたれました。露伴は自分で見事な動作で雑巾がけをしてみせ、まだ未熟な文さんに、「偉大な水に対《むか》つて無意識などという時間があつてい、ものか」と指摘します。

この「技法と道理の正しさ」は、かつて芸術教育理論家小野二郎が露伴について言った、「物質の深層心理探求者の不逞な精神」そのものの現われにほかなりません。私たちの生活環境は、大きく変化しました。しかし私は、にもかかわらずというよりも、むしろそれ故にこそ、幸田文さんの初期の文章が、いま、読み返えされなければならないのだと思っています。

偉大で悲劇的な〈子雀《ピアフ》〉の物語

シモーヌ・ベルトー著　三輪秀彦訳

『愛の讃歌――エディット・ピアフの生涯』

新潮社
一九七一年刊

最近、ドキュメンタリー・ビデオ『エディット・ピアフ／「愛の讃歌」』（ビクター刊）が発売されていることを知って、私はすっとぶようにして買い求めました。というのも、かつて詩人ジャン・コクトオが、「ピアフは天才である。だれも、彼女を真似ることなぞできはしない。ピアフ以前にピアフは存在せず、ピアフのあとにはピアフのような歌い手は、二度と現れることは

ないだろう」と絶讃したシャンソン歌手ピアフを、それこそ私は、一九五〇年代後半からひそかに熱愛し続けてきたからです。

そしてまた、ピアフの歌を私はレコードとCDでしか聴いたことがなかったのですが、日本でのシャンソン研究の第一人者だった芦原英了さんの『巴里のシャンソン』（白水社・一九五六年刊）のなかでの、ピアフの良さはレコードでは分らない、彼女の不断の努力、訓練、精神から生まれてくるものは舞台を観ないとダメなのだという指摘を、ちょっと悲しい思いで読んだ私は、舞台でのピアフの姿が収録されているこんどのビデオを、どうしても手に入れたかったのです。

やはり、芦原英了さんの指摘どおりでした。私はかねてから、ピアフほど感情の真実性を造型できる歌手はいないと思っていましたが、ビデオでの——とくに一九六〇年の二十二回に及ぶカーテンコールがあったという舞台のピアフは、絶句というほかはないものでした。それはまさに、「彼女が歌うのは歌が彼女のなかにあるからだ、ドラマが彼女のなかにあるからだ、彼女の喉が悲劇に溢れているからだ……愛の勝利、運命の苛酷さ、汽車の息苦しい苦悩、光の喜びや心の宿命などを喚起するとき、彼女は慄える至高の音階まで声を張り上げる」という、やはり詩人ファルグのピアフを巡る言葉を、まざまざと実感させるものだったのです。

私が、出生から死までのピアフの人生の歩みの全体像をはじめて知ることができたのは、日本語でのピアフを主題とした最初の単行本である本書によってでした。この本については、ピアフの義妹だというシモーヌの疑惑性や、また記述の問題性が言われています（ドニーズ・ガッシオン、永田文夫訳『我が姉エディット・ピアフ』誠文堂新光社・一九八〇年刊参照）。しかし私は、大道芸人の父と大道歌手の母の間に生まれ、パリの下町を幼時から自分のコンセルヴァトワール（音楽学校）とし、それ故に〈子雀《ピアフ》〉という芸名をもった、偉大で悲劇的な唯一無比の女性歌手の、記録《ドキュマン》ではなく物語《レシ》として興味の尽きないすぐれた著作だと考えます。ピアフの親友だったあの大女優マレーネ・ディートリッヒは、世間の軌跡の反対側から出てきた宿なし、だが子雀はスフィンクスになったとピアフを語りましたが、この本は、そのことをドラマチックに私たちに教えてくれています。

一つだけの〈二人〉の著作集

寿岳文章・寿岳しづ著

『寿岳文章・しづ著作集』全六巻

春秋社
一九七〇年刊

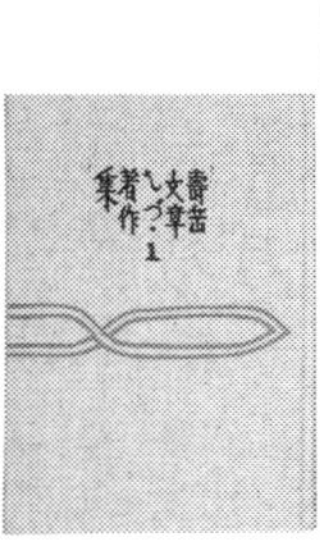

＊左は箱の表紙

ただひたすらこざかしい知性なき「知識」人たちがはびこっている昨今、本紙十二月号・一月号（一九九二〜三年）での寿岳章子さんのような時代をまっすぐみつめぬく、いわば浩然たる知性の存在の言葉を眼にすると元気が湧いてきます。私はあのインタビューを読みながら、二十年前発売時に買い求めた、珍しい著作集の存在を思い出しました。それは、一九七〇年に刊行された『寿岳文章・しづ著作集』全六巻のことです。つまり、章子さんのご両親の著作集です。私の知る限りでは、日本でも、また世界においても、夫妻の文章群が一つの著作集としてまとめられた例はないのではないでしょうか。私が寿岳しづさんの作品等にふれることができたのは、その著作集のおかげでした。

一方、寿岳文章さんの本は、それまで手に入れることができた限りはすべて読んでいました。六〇年安保闘争のあと、編集者の職についた私に、ある先輩がいったのです。「本を造るんだったら、寿岳文章さんの本は必要だよ」と。たしかにそのとおりでした。最初に読んだのは、薄い小冊子ふうの、しかし堅牢な造本だった『書物への愛』(栗田書店・一九五九年刊)です。私が多少なりとも書物文化ということについての自覚をもつことができたのは、寿岳文章さんの本と出会えたからであり、また、寿岳文章さんの本を追い求め続けてきたからです。

そして、寿岳文章さんがただの学者ではなく、卑屈、名誉欲、形式、体裁といった日本の恥文化と表裏一体をなす生き方を、声高ではない、しかし芯の強い精神と地道な持続的営みによってのりこえようとしてきた創造者であり、行動者であることを認識できたのは、型染作家芹沢銈介の印象的な造型文字とパターンによって飾られた、この著作集全巻を読了したためでした。

著作集第五巻に、『紙漉村旅日記』が収録されています。これは私が尊敬してやまない民俗学者宮本常一さんが、日本におけるフィールド・ワークの先駆的仕事と賞讃された、一九三七年から四十年にかけて日本中の和紙をつくる村々を訪ねた記録です。しかも、このいまや実に貴重な記録は、太平洋戦争下の一九四三年に、私家版の手づくりで一五〇部だけつくられたのでした。

このフィールド・ワークは寿岳しづさんと一緒におこなわれ、記録も共著であり、また、本づくりの手作業も、当時の灯火管制下の手あぶり一つだけの三畳間で二人で仕上げていったのです。驚くべき努力だといわなければなりません。寿岳夫妻は、そうした地道な仕事によって、野蛮な軍国主義日本への抗議の静かな意志を提示したのでした。

寿岳しづさんは単なる助手ではありません。対等の共同作業者であり、お二人は家庭を同時に共同作業そのものの場にしていったのです。

*

私は、寿岳文章さんとしづさんが二人の努力で形成していった家庭を——つまり、娘の章子さんが、その『父と娘の歳月』(人文書院・一九八八年刊)のなかで、「寿岳のうちでは、ことばが生きていた。四人の時は四人なりに、三人の時は三人なりに、自然を語り社会を論じ、あるいは志をのべることは私たちの日常であった。話しあいのないところに、いかに一軒のうちに複数の人間が同居していようと、とうてい家庭は形成されない。夫婦、親子は、単なる寄り合いではない、ことばがたがいの人生をつなぎ、ことばが家庭の幅と深さを作ってゆく」と書いた家庭のことを考えるたびに、花田清輝の「家庭は桎梏であるかもしれないが、しかし同時に、それは時代への抵抗のバリケードともなりうるのだ」という言葉を思い起します。

本著作集第二巻『ある夫婦の記録』の末尾に、ご夫婦の共同年譜がのっています。その年譜を読むだけでも、大正末期、当事者間の同意だけでは結婚は成立しない民法下で、結婚式をあげずに夫婦となったお二人が、いかに、「時代への抵抗のバリケードとなりうる」ような家庭をつくってこられようとしたかがよく解ります。

そして、そのことを可能にしたのは、なによりも寿岳しづさんの自覚的態度でした。文章さんは日本の男性としてはまことに稀有な、家父長的なところのない、家事などもよくやる夫だったのですが、それは、ある意味ではとても楽ともいえる、受動的な姿勢のなかにしづさんが自身を閉じこめることをしなかったからでもあるのです。つまりお二人の家庭は、いわば相互主体化の場でした。

しづさんは、けして「主人」という言葉を口にしなかったし、そして、対話に徹する日常的民主主義の実行者でもありました。「私たちは対等の立場で、よく話し、よく論じ、意見の相違がおこる時など、夜どおし討論した……」と、しづさんは『夫と妻の公開状』(本著作集第二巻所収）というエッセイのなかで記されていますが、その文章・しづの対話は、娘の章子さんをして、「夫婦げんかは民主主義の学校」であり、「夫婦げんかとは、とにもかくにも一生寄り添うてゆこうと決意している一対の男と女が、相手とみずからの距離をより近づけてゆくための言語行動であり、白熱した対話の一形式である」（『日本語と女』岩波新書・一九七九年刊）といわしめたものだったのです。

その「白熱した対話」こそが、二人の家庭を、まさに「時代への抵抗のバリケード」たらしめた原動力であり、また、今日いくら評価してもし足りない、月刊雑誌『ブレイクとホヰツトマン』、ブレイク『無染の歌』をはじめとする、また前回紹介した『紙漉村旅日記』等の「向日庵《こうじつあん》私版」の工房を実現したのです。

＊

私はいつかかならず、充分な勉強と用意をして、「寿岳文章・しづ評伝」といった仕方で、このお二人の生涯と仕事のすべてに、いっぱいの光をあてる本を書きたいと思っています。なぜなら、日本が世界に誇ることのできるごくわずかな存在に数えられる寿岳文章さん・しづさんが、今日なお、あまりにも不当に軽視されているからにほかなりません。

民芸運動の創始者柳宗悦については、すでにいくつかの評伝があります。その柳と雁行しつつ、ある意味では柳よりも広大な思考空間を形成した文章さんの内面的全体像について、まともな論究が一つも存在しないのは、きわめて片手落ちであり、そのことはそのまま、今日の日本の精神状況の貧困さをものがたっています。

人生の棹尾を、あのみごとなダンテの『神曲』の新訳完成という壮挙によって飾った文章さんについてさえそうなのですから、しづさんに関しては、ほとんど忘却されているといっても言いすぎではありません。たしかに、あの松田道雄さんによって「清潔な作品」と評価された小説『朝』（本著作集第一巻所収）を書きましたが、しづさんはいわゆる「女流作家」ではありませんでした。また、ハドソン、ヂェフリーズ、オールコットの作品を翻訳しましたが、専門の英文学者というわけでもありません。

たとえば、七十三とおりの「女の一生」をおさめました――という謳い文句で刊行された、列伝ふうの集英社版『近代日本の女性』全十二巻というシリーズがありましたが、そのシリーズのどこにも、寿岳しづという名前は表れません。他のそうした同類の本でも、私が眼にした範囲では、寿岳しづさんの生涯と仕事にふれているものは一冊も見当たりませんでした。だが私にいわせれば、『月刊民藝』一九三九年六月号の座談会「民藝を語る」（出席者・寿岳文章、しづ、式場隆三郎／寿岳文章著『柳宗悦を語る』集英社一九八〇年刊所収）のなかで、「見える世界の美しさと、見えない世界の美しさを、生活の念願としたいものです」と語ったご自分の言葉どおりに、戦前・戦中・戦後と類いない創造的生活者として自己をつらぬきとおしたしづさんを語り継ごうとしない女性群像史には、なにか決定的な視点の欠落のようなものを感じないわけにはいきません。

しづさんのハドソンの翻訳のことについて、本紙四月号（一九九三年）で寿岳章子さんが書かれています。哲学者の古在由重さんがそうであったように、私もまたしづさんによってハドソンの素晴らしい世界に導かれたのです。しづさん訳の『はるかな国とおい昔』（岩波文庫）、『ラ・プラダの博物学者』（『世界教養全集』34・平凡社・一九六二年刊）をはじめとするハドソンの全訳書を私が読んだのは、本著作集の中のしづさんのハドソンをめぐる文章が、とても印象的だったからです。そして同時に、その仕事が小学校しか出ていない女性によっておこなわれたことにも、私はとても感銘を受けました。

この〈一つだけの二人の著作集〉全六巻には、時代を本当の意味で生き抜く精神の在り様を語り伝える通奏低音が流れています。ぜひ、寿岳夫妻の気高い二重奏を聴いてみてください。

点字で書かれた人と犬への手記

『ロバータ　さあ歩きましょう』

佐々木たづ著

朝日新聞社
一九六四年

太宰治は『蓄犬談』という短編の冒頭で、「私は、犬に就いては自信がある。いつの日か、必ず喰いつかれるであろうという自信である。私は、きっと噛まれるにちがいない。自信があるのである」と書いていますが、私もまた、犬については自信があるのです。つまり、太宰治とは全く逆に、犬にかまれないだろうという絶対の自信が。

私は、犬が大好きなのです。「僕に小さな犬がある。僕の犬といふのは莫迦《ばか》に小さい。／あれは僕の顔をなめる。あれは僕が呼べば返辞をする。／僕の有《も》つてゐる宝中《たからぢゅう》で、僕は何よりあれが一番好きだ」という第一連から始まる、イギリスの詩人フランツェス・コーンフォドの「幼児の夢」という詩は、小学生の時からの私のいちばんの愛唱詩です。私はその詩の存在を岩波文庫『春夫詩鈔』のなかで偶然発見したのですが、子どもの頃わが家の飼犬に魂を奪われていた私の気もちを、その詩はぴったりと代弁してくれていたのでした。そして、その詩を訳した佐藤春夫は、日本の犬文学の最高傑作ということのできる「西班牙犬《スペインいぬ》の家」のなかで、犬たちには犬好きと犬をいじめる人とをすぐに見分ける必然的な本能があり、見ず知らずの人でも親切な人には決して怪我をさせるものではないことを、経験の上から信じているといった趣旨のことをのべていますが、私もまた経験上そう信じています。

私は、犬をめぐるさまざまな本をどっさり読んでいます。たぶん、大好きな犬を飼えなくなった生活がとても長く続いたための精神的な代償作用なのでしょう。心が屈するような時、慰藉の役目を果してくれたのは、犬について書かれた本だったのです。

一九六四年、朝日新聞社から刊行された佐々木たづさんのこの本は（のち旺文社文庫、偕成社文庫に収録）、数ある犬との出会いを語った本のなかでも、格別に感銘を与えてくれた本でした。

「ロバータ　話して聞かせましょう／あなたと会うまでのことを」――という語りかけの言葉からはじまる本書は、高校三年の夏突然失明した著者が、その不幸にもめげず、童話作家となり、そして、まさに生命の伴侶というにふさわしい盲導犬ロバータと出会うまでの道程を記した手記です。当時はまだ日本に盲導犬についての理解がなかっただけに、イギリスで訓練されたロバータのやさしさ、すぐれた能力、鋭い感覚、見事なまでの高い知性に私は驚嘆しましたが、同時に、著者の澄んだ不屈さ、端正な意志の勁《つよ》さにもつくづく心をうたれました。点字で書かれたこの本は、一人の並ならぬ女性と一匹の並ならぬ犬とが、一緒につくりあげた並ならぬ記録だといっていいのではないでしょうか。

女たち《シスターフッド》の記念碑的ポリフォニー

マリア・I・バレノ、マリア・T・オルタ、
マリア・V・コスタ著　藤枝澪子訳
『三人のマリア——新ポルトガルぶみ』上・下

人文書院
一九七六年刊

本は、私たちの内にある凍った海を砕く斧でなければならない——と、カフカはいいました。マリアという名前を共有する三人の女性によって書かれたこの作品は、その内容、スタイル、そして、その創られ方において、カフカの言葉に値する、まれにみる本だと私は思います。

私は本連載において、埋もれ、見過ごされ、打ち棄てられた、しかし私たちにとっていま再発

見し、呼び起こすことが必要な〈女たちの本〉について書くことを意図してきました。この『三人のマリア』もまた、それが現代の遺産といえるほど豊かな示唆を孕んでいる作品にもかかわらず、一九七六年邦訳が刊行されたまま絶版となり、殆んどその存在が忘れ去られ、入手し難いものとなっています。

『三人のマリア』が、現代の遺産といえるほどの作品になっているのは、それが、本の内容と創られる過程とが切り離すことのできない、共同制作の果実だからです。作家であり、文学運動の担い手だった花田清輝が、文学の閉塞状況の打破のために、エッセイ「古沼抄」において文学の共同制作を提唱したのは一九七三年のことでしたが、その一年前、三人のマリア――つまり、詩人マリア・I・バレノと作家マリア・T・オルタ、それに詩人で批評家のマリア・V・コスタの三人が共同制作を実現していたのです。

本作品は、刊行後公序良俗侵犯罪ですぐに押収・発禁処分となり、三人の著者は逮捕、投獄されます。ポルトガルのカエターノ独裁政権は、〈最後の植民地〉である女の解放を女の性と愛を軸にして求めた、まさしくアンドレ・ブルトンの「真の抒情とは、抗議の展開である」という言葉を想起させる、この見事な多声《ポリフォニック》的な結晶体を許すことができなかったのです。長年のファシスト政権とカトリック社会、また伝統的文化の圧力のもとで、従順さだけを求められ続けてきた女たちの、凍った海を砕く斧となることを怖れて。

この作品は、詩人のリルケがドイツ語に訳し、また日本でも佐藤春夫が、「かなしみは智慧にかがやき、情熱のとこしへの虹」と讃えて邦訳した、十七世紀ポルトガルの尼僧マリアナ・アルコフォラドが書いたとされている、五通の恋文からなる有名な古典『ポルトガルぶみ』を枠組みとする趣向で書かれています。そして、それは著者三人の詩、想像上の手紙、エッセイ、小説風のスケッチ、それに各人が他の二人にあてて書いた、本作品の制作をめぐる自分の意見をのべた手紙などによってコラージュ風に構成され、だれがどの部分の著者か解らないような仕組みになっているのです。

＊

『三人のマリア』について、この作品の米語版の訳者ヘレン・R・レインは、こう書いています。「〝世界を変革しなければならない〟と、カール・マルクスは宣言した。アルチュール・ランボーは、〝我々の内奥の生を変えなければならない〟と主張した。女が女について書いた最も尖鋭な今日の著作のなかでも、この二つの命題の弁証法的関係を明確にした本は五本の指に数えられるほどしかない。『三人のマリア――新ポルトガルぶみ』は、その数少ない本のなかに当然含められるべきものである」と。

そしてまたレインは、女の解放を、女の性と愛を回転軸にして擬視しようとした『三人のマリア』を、「暴君の男には情容赦ないが、同時に、その生と避けがたい死を女とわかち合うことを学ばなければならぬ悲劇的存在としての男には、忘れがたくやさしい本である」といっています。

彼女のこのような賞讃と評価は的確であり、いささかも過大なものではありません。私はこの作品の成功と意味は、つぎの二点にあると考えます。まず、ナチの強制収容所の死の床で、今世紀最高の愛の詩を書いたシュールレアリスムの詩人ロベール・デスノスが、その著書『エロチシズム』において、最も激しい情熱の表明でありながら、かつ純粋と高貴の手本となっているこの上ない絶望的な肉欲の衝動によって書かれた手紙、真にすぐれたエロティック文学として共感をよせたアルコフォラドの古典『ポルトガルぶみ』との見事な相互テキスト性を実現したこと。そしてなによりも、著者たち自身が、「この本は、幅広い、共通の、生きた経験をまとめたもの、葛藤を通じ、楽しみや悲しみを分かちあい、共謀し競争しあいながら、共通目標をもった女の集合体《シスターフッド》をつくり出そうとした実際の経験を文章によって記録にとどめたもの」といっているように、共同制作によって創造されたものであることによって、単独の作者の創造によっては獲得できない質の、女たちの自己発見・自己表現の声の多面的な運動体の作品になっていることです。

この三人の著者マリアたちの試みは、文化の全面的商品化のなかで、コトバが死につつある日本の現在の私たちにとって、きわめて示唆的なものだと思います。三人のマリアがおこなったように、葛藤と共謀と競争——つまり、対立がそのまま共働となるような創造的経験の積み重ねにこそ、私たちが〈生きたコトバ〉を獲得していく道があるのではないでしょうか。

この作品は独裁政権下で発禁になりましたが、一九七四年のポルトガル革命の直後の裁判結審で無罪が宣告されました。その時法廷いっぱいに、「女が団結すれば決して敗けることはない」という大合唱が起こったそうです。

あふれる〈わが都市《まち》〉への愛

ヴラスタ・チハーコヴァー著

『プラハ幻景――東欧古都物語』

新宿書房
一九八七年刊

もう昔のことになりますが、この本の著者チハーコヴァーさんと、詩人で美術批評家の瀧口修造さんの家で知り合って、とてもうれしかった時のことを私はいまでもありありと覚えています。私がうれしかったのは、チハーコヴァーさんが日本語のとても上手な、きわめて美しいひとだったためだけではありません。それは、彼女がチェコのプラハ生まれの、プラハ育ちだったからで

す。

まだ一度も行ったことはありませんが、私はプラハという都市に格別な関心をもっています。というのも、子ども時代に熱中した童話『長い長いお医者さんの話』の作者チャペックをはじめとして、リルケ、カフカ、ハシェク、W・ハースや、また、ネズヴァル、サイフェルトといった、プラハが生んだ文学者や詩人たちの作品を愛読し続けてきたからです。プラハは、小さな国の、現在でも人口二〇〇万にみたない小さな都市です。しかし、いま日本でも話題になっている、プラハ出身でパリ在住の作家ミラン・クンデラが表現しているように、プラハは、「最小限の空間に最大限の多様性」が渦巻いていた都市でした。カフカの研究者である山下肇さんも、今世紀初頭からのプラハという微小な空間における豊かな才能の噴出に比肩できる唯一の都市は、イェーツやジョイスを生んだアイルランドのダブリン市だけであると指摘しています。

チェコ・アヴァンギャルド芸術の研究者であるチハーコヴァーさんは、はじめてお会いした時、カレル・タイゲやトワイヤン等の私の知らなかった芸術家たちのことをいろいろ教えてくれましたが、最後に、「プラハは悲劇的で、でも、とても美しい街ですよ」と言われたのが大変印象的でした。すばらしい写真も数多く収録されているこの本を読むと、プラハの美しさが本当によくわかります。

プラハという都市の魅力を、その歴史・文化・芸術・精神・景観の全部に光をあてながら、読む者の胸に沁みいるような記述の展開で語ったのは、日本ではこの本が最初ではないでしょうか。しかもチハーコヴァーさんは、日本語で書いたのです。〈わが都市《まち》〉プラハへの愛が筆をとらせたこの心のこもった一冊は、プラハに興味のある人、また、プラハを旅行する人には、見逃せない必読のものです。

私は、詩人サイフェルトが「何と幸せなことだろう／この橋の上を歩むことは！」と詩《うた》った、三十の聖者の彫像で飾られたカレル橋が、玉子の白身で固められたことなどをこの本で初めて知りました。そして、家の敷居を意味するプラハという名前が女性名詞であり、それは、古代神話の王妃リブシェの予言に由来すること。また、その王妃の死後、「男女戦争」があり、チェコの女性たちが父、兄弟、夫に対し戦いを挑み男たちを滅亡させていったことなど――つまり、母権制の伝統がプラハには生きているという、カフカの恋人ミレナなどを例にしておこなっている著者の指摘を、私はとても興味深く読みました。やはり、女性ならではの都市案内なのです。

本書は、六年前に新宿書房から出版されましたが、最近、チェコ共和国が成立してからの一章が加えられて、新版が刊行されました。すてきな女性が書いた、すてきな都市の物語です。

本当に〈美しい〉生活への問いかけ

『一枚のキルト』
増田れい子著

北洋社
一九七九年刊

十四年前に出版されたこのエッセイ集『一枚のキルト』に出会ってから、以来私は、増田れい子さんの文章の忠実な愛読者です。小さな水滴が、風景の全部を宿す鏡となる――といったのは、フランスの現代詩人F・ポンジュでしたが、増田さんの、言葉の一つ一つがきらきらと粒立ち、しかも平易で地に着いた短文たちで編まれている本書は、ポンジュのその詩句を連想させるものでした。

都会の並木、雨、回転木馬、人形、オルゴール、布靴、ぬり絵、印花布、朝顔、急須、かたくち、蚕豆《そらまめ》、リボン、草餅、湯呑み茶碗、梅干し、箸、しょう油差し、葱、針、刺し子、ビーズ玉、キルト、火鉢など、何気ない事象を題材にしながら、その奥底の時代と人間の在り様に怕《こわ》いまでに焦点をピッタリと合わせている増田さんの文章は、本当に美しい生活、本当に美しい生とはなにか、という問いかけを通奏低音にして書かれているように思います。

増田さんの文章を読むたびに、私は、近代デザインの父で社会主義運動家ウィリアム・モリスの「日常生活を美しくしよう」という呼びかけを思い起こします。モリスの「美しく」とは、みかけのことではありません。それは、私たちの自然・世界・人間との、正しい関係・想像力・感覚をつくり出す能力のことをさしていました。そして、自然と人間を破壊する資本主義の豊かさを「リッチ」と呼び、自然と人間を大切にできる本当の豊かさを「ウェルス」と名づけたのです。既存社会主義社会の崩壊の原因は、モリスのこの呼びかけを忘れ去ったためではないでしょうか。しかし戦後日本社会もまた、造花的高度成長から金権的バブルへと「リッチ」への道を走りまくり、いまやとてつもない破局に直面しかねない事態に位置しています。

増田さんの、日常のなかの失われていくまっとうなもの・まっとうな人間に注がれる愛情は、モリスふうに言えば「ウェルス」を求める美の探究であり、その探究の姿勢は、著者のすべての本の根底においてつらぬかれています。

人によっては、増田さんの回想的な文章はうしろ向きだというかもしれません。しかし断じて、そうではありません。失われたものに秘められていた可能性を知る者だけがもつことができる、前方への視線というものがあるのです。

この本のなかで、「世の中に〝力〟がなくなったのかも知れない、つまりは世の中をつくる人間が弱まったのでもあろうか」と、増田さんは書かれています。増田さんがそう書かれた時よりも、いま一層ひどく、「世の中をつくる人間が弱まった」といえるでしょう。それだけになお、時代とたえず向き合い続けて来たジャーナリストである増田さんの滋味豊かなエッセイが、ぜひ、読み返されてほしいと私は思います。

〈世界〉に向きあうことの精神

『ハノイで考えたこと』

スーザン・ソンタグ著　邦高忠二訳

晶文社
一九六九年刊

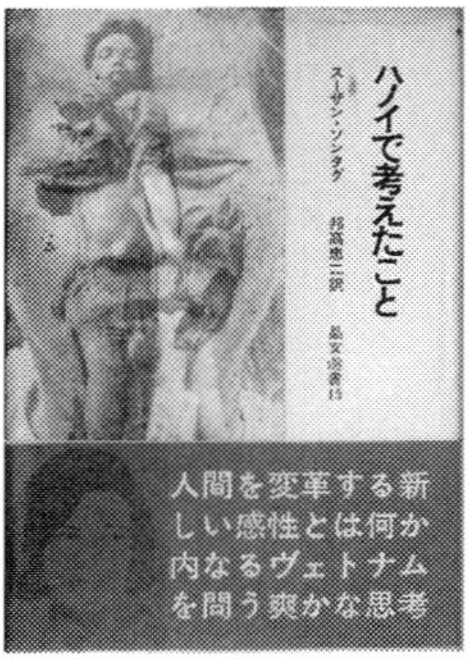

本紙前号（一九九四年二月号）のリポート「〈本選びの会〉の活動から」で、佐藤まゆみさんが、スーザン・ソンタグについてふれられていました。ユダヤ系アメリカ人であるソンダクは、一九六六年刊行の評論集『反解釈』以来、アメリカの言論の最前線に位置し続けている存在です。彼女はその刺激的な評論活動だけではなく、小説も書き、映画・演劇の演出をおこなう超ジャン

ル的な才能を発揮してきた一九三三年生まれの女性です。日本でも彼女の著書は数多く翻訳され、そのじつに多彩な活動ぶりから、「ラディカルな才女」といったような評価を与えられていたことがありました。

たしかにソンタグのまれに見るあふれる才気、博識ぶりは驚くべきものがありますが、しかし、「才女」といった表現は、彼女にふさわしいものではないと私は思います。彼女の本質は、なによりも、その感性と思考におけるひたむきな倫理的誠実さにこそあるのです。彼女が読む者の胸をうたずにはおかない回想的追悼を書いた、フランスの高名な思想家ロラン・バルトは、最期の出会いとなった時に、彼女にむかって「やあ、スーザン、いつもまじめだね」と挨拶したそうです。そのバルトの言葉は、心底からのものだったにちがいありません。彼女は小説は三、四回書き直し、評論は、どれも必ず二十回は書き直すと言っています。一見、才気煥発にみえるソンタグの思考も文章も、こうした努力の一例に示される「まじめ」さによって支えられているのです。

私は最近、文芸雑誌『すばる』二月号（一九九四年）に掲載された、パリから送ってきた仏文学者清水徹さんの「『黄昏のヨーロッパ』からの手紙」によって、ソンタグの「まじめ」さ、内的誠実さを改めて物語る行為を知り、心からの共感と感動を禁じえませんでした。――昨年（一九九三年）四月、彼女は、紛争のさなかにある旧ユーゴの都市サラエボに行きます。ねじれた国家主義、つもる積年の民族的怨恨、イスラム原理主義、ヨーロッパ諸国の極めて身勝手な国家利益と偏見のために、いまや略奪・暴行・虐殺が日常となった、「地獄」という表現がすこしも誇張ではないサラエボに。そして、そこでの苛酷な悲劇を目の当《ま》りにしながら、彼女は、なにができるのかを自分にくり返し問いかけ続けたのでした。ソンタグは、いわゆる「勇気ある知識人」として、サラエボの悲劇の道徳的証言者になることには耐えられなかったのです。

書くこと、映画を撮ること——それは、他人の悲劇を単に「情報」にすることにしかならないと考えた彼女は、現地の人びとと一緒に芝居をやることを決意したのです。そして九月、彼女はあのベケットの『ゴドーを待ちながら』を上演したのでした。装甲車の轟音と、狙撃兵たちの銃声が鳴り響いてくる劇場のなかで。……

＊

いまテレビをはじめとして、青空市場砲撃事件のあったサラエボを中心とする旧ユーゴの悲劇的紛争について、さまざまに数多くの報道がなされています。しかし、その報道のされ方のほとんどは、センセーショナルな出来事の断片を私たちに投げつけるだけで、事態の問題の本質を冷静に考えていこうとする努力はほとんど見られません。それらの報道は結局は、なんだかんだといってもやはり今の日本という「国」は幸せだという、現状肯定へと人びとを導くための操作的道具になっているように思われます。なかには、旧ユーゴの悲劇を、自衛隊海外派兵の口実にしようとする魂胆があったりして、じつに不快です。

旧ユーゴの解体と内戦について、民族対立ということがしきりに言われます。しかし、ユーゴ紛争の過程と本質を理解する上で必読の本である山崎佳代子さんの『解体ユーゴスラビア』(朝日選書)も指摘しているように、その民族対立なるものは煽られ、グロテスクなまでに肥大させられたものであって、けっして宿命的なものではないのです。

サラエボは、とりわけ旧ユーゴのなかでも、民族共存と融和を実現してきた理想都市でした。最近、日本で『サラエボのバラード』(発売元オーマガトキ)という、聴く者の胸をうたずにはおかないCDを出した、サラエボ生まれのシンガー・ソングライター、ヤドランカさんはこうのべています。「サラエボには50mごとにギリシア正教会、カトリック教会、ユダヤ教会、またイスラム教寺院が点在しています。それぞれの教会から響く異なる音は混ざり合い、人びとは毎朝親しげに挨拶を交わします。そこでは、人びとはどのように他人を気遣い、お互いの良い関係をどう保つかを知っています。サラエボの人間模様はそれぞれの文化の違いの中で、平和に共存する人びとの見本といえるでしょう」と(『MUSIC TOWN』一九九四年二月号)。――「平和に共存する人びとの見本」といえるような都市であったからこそ、いま、サラエボは破壊の標的になっているのです。

ソンタグがサラエボに滞在して理解したのも、そのことでした。ソンタグは、あらゆる困難をのりこえて芝居を上演します。崩壊した石塊がごろごろしている電気の来ない劇場で、舞台の上に十二本の蠟燭をつけて。——彼女が演出した『ゴドーを待ちながら』は、希望も絶望も相対化し、欺くことにも欺かれることにも加担しない苛烈なユーモアの精神によって書かれています。そしてソンタグは、台本上は男だけ五人であるものを女性も加え、またヴラジーミルとエストラゴンのカップルに関しては男女とりどり、民族も別々の三組をえらび、舞台中央と左右とで、このカップルのヴァリエーションを演じさせました。

ソンタグの意図は明らかです。彼女は、「つながりの文化」としての演劇を通して、また不条理劇の古典である作品を通して、根底からの社会的復原力の再形成をめざしているのです。私は、彼女の「世界に向きあうことの精神」の在り様に深い共感を覚えます。他人の不幸を単なるネタにしているだけの日本人報道者とは、何たる違いかと思わざるをえません。

＊

つい最近発刊された『批評空間』第Ⅱ期第1号（太田出版刊）に、ソンタグの手記『サラエヴォでゴドーを待ちながら』が訳されています。それによると、彼女は、『ゴドーを待ちながら』をプロデュースしたあと、チェーホフの『桜の園』をサラエボで上演することを計画しているようです。

ソンタグのこうした行動について、フランスあたりでは、「包囲されている都市で、劇を上演することに意味があるのか」――つまり、〝ローマが燃えているのに浮かれているようなものじゃないか〟といった批評があるようです（港千尋『戦場のベケット』『みすず』一九九四年三月号参照）。この、一見リアリスティックであるようにみえて、じつは高見から他人の努力をせせら笑っているにすぎない、冷笑主義的対応ほど不潔なものはありません。声高でなく、派手ではないが、その成果がずっとあとで現われるような、いやもっとハッキリ言えば、成果そのものさえ少しも当てにしていない、静かな粘り強い作業こそが最も意味をもつ場合もあるのだということを、ニヒリスト面《づら》したフランスの知識人たちはわかっていないのです。

私は先きのソンタグの手記を読んで、彼女の創造的謙譲さとでもいうべき態度に、あらためて心うたれました。態度――つまり、他者と世界に向かいあう関係行為の具体的な在り様ということです。つい先日のこと、私は前回でもふれたサラエボ出身のシンガー・ソングライター、ヤドランカ・ストヤコビッチのライヴに行ってきましたが、その時なによりも感動し、感銘を受けたのは彼女の聴衆への態度それ自体でした。父親がセルビア人、母親がクロアチア人の彼女は、旧ユーゴの各地域・各民族の民謡をリメイクしたすばらしい歌の数々をうたいました。その実に魅惑的な歌声と共に、こちらの胸底深く響いてきたのは、けっして上手いとはいえない日本語による語りかけ、その表情・身ぶりにあふれていた人間的美しさです。それは、ソンタグの行動の在り方がもつ、創造的謙譲さと等質のものだと私には思われました。

私は、ソンタグがヤドランカと共通する人間・世界への態度を形成していく上で決定的な契機となったのは、まずなによりも、一九六八年五月の、ベトナム戦争下での北ベトナム旅行体験だったのではないかと考えます。

ベトナム反戦運動の高揚期、ジャーナリストをはじめとするかなりのアメリカ人が北ベトナムを訪れて、様々な文章が書かれています。しかし、表面的な見聞記や図式的な論究をこえた、生きた対話的感性と思考力をもった文章を残したのは、ソンタグや、小説『グループ』で知られている作家メアリ・マッカーシーなどの女性たちでした。なかでも『ラディカルな意志のスタイル』に収められた、ソンタグの『ハノイへの旅』は、経験を真の経験たらしめる問いかけの深さにおいて出色のものです。

邦訳の『ハノイで考えたこと』(晶文選書15)は、右のエッセイを独立させ、単行本化したものですが、それだけにドキュメントとしての個性を際立たせる本となっています。日録を土台にした本書によって私たちは、ベトナムの人々を内面から捉え、理解しようとしたソンタグの努力をありありと知ることができます。このドキュメントが、現在古びるどころか、貴重な思考作業の成果として一層輝きを放っているのは、世界と向きあう精神の運動の原形質とでもいうべきものが刻み込まれているからでしょう。

異質な世界・他者を問うことによって自らを問い、批評し、「北ベトナム訪問以後は、その前よりも世界が一層巨大なものに見えてきた」という意識変革の過程を開示した本書は、その創造的謙譲さにおいて、依然として私たちにとって、大切な一つの見事な手本であるということができます。

〈ギリシャ最後の女神〉の半生記

メリナ・メルクーリ著　藤枝澪子・海辺ゆき訳

『ギリシャ——わが愛』

合同出版
一九七五年刊

ことし（一九九四年）三月、ギリシャの元女優で、文化相のメリナ・メルクーリがこの世を去りました。晩年は政治家として専念しましたが、しかし、彼女ほど〈大女優〉という表現が、本当にふさわしい女性はいないのではないでしょうか。

「ギリシャ最後の女神」とさえいわれたメルクーリは、その堂々とした圧倒的存在感、強烈さ、気品、凄みさえ覚えさせるきらめく美しさにおいて、たしかに、アクロポリス博物館の〝巨人と戦うアテーナ女神像〟を想い起こさせるほどのものがありました。

三十年以上の年月が過ぎたいまでも、私の脳裏には、『宿命』『掟』『日曜はダメよ』『死んでもいい』『トプカピ』等での、スクリーンでみた彼女の影像のさまざまが、くっきりと鮮烈に灼きついています。おそらく、彼女のような強烈な魅力と風格をもった女優は、もう二度と現れないでしょう。

メルクーリは国葬となり、アテネでのその葬儀には、市民三十万人が参列したそうです。国葬され、そして三十万人もの人びとがその死を悼んで集まったのは、彼女が戦後ギリシャが生んだすばらしい世界的大女優であったためばかりではありません。それは彼女が同時に、一九六七年クーデターによって成立した、「大佐たちの独裁」と名づけられた、残虐非道な軍事政権と最後まで闘い続けた民族的英雄だったからです。言論を弾圧し、無数の人びとを暗殺・投獄した軍事政権を告発し続けたメルクーリは命をねらわれ、国籍を剝奪され、財産も没収処分となりましたが、八一年の軍事政権の打倒まで、世界中をかけまわって、ギリシャにおける民主主義の回復のために全力を尽してきたのです。

一九七一年に原書が刊行された本書は、そのじつに率直な語り口の背後に、考えぬかれた構成がおこなわれています。一人の演劇少女が、ハリウッドをレッド・パージされた映画監督ジュールス・ダッシン（さきにあげた映画作品は、すべてこの人が監督しています）と出会い、恋におち、彼が創造上の共働者・生涯の伴侶となるまでの半生の道程。そして近現代ギリシャの悲劇性、軍事独裁政権への告発を書いた本書は、個人史と時代史を一体にして記述した読み応えのある見事な著作となっています。メルクーリは自分を語りつつギリシャの現実を訴え、軍事政権への鋭い抗議の武器をつくり上げたのです。

事実、この本の出版と普及は、それまで無関心だった世界のギリシャ軍事政権への批判の輪をつくり出していきました。もし、本書の刊行がなければ、軍事政権はまだまだ持続していたかもしれません。

さまざまな意味でこの本は、とても内容豊かな自伝です。私はこの本によってはじめて現代ギリシャの複雑な歴史に目を開かされ、そして、あの心波立たせるブズーキ音楽の意味、また、チツァニス、テオドラキス等の現代ギリシャの作曲家、また、セフェリス、リツォス（この本は、リツォスの詩で閉じられています）といった詩人、また、カザンツァキスの小説の存在を知りました。このメルクーリの本に出会っていなかったら、テオドラキスのレコードを集めることも、中井久夫訳のすばらしい詞華集『現代ギリシャ詩選』（みすず書房刊）や、カザンツァキスの小説の邦訳をよみふけることもなかったでしょう。そして、それらが与えてくれた豊かさを思うと、本書は忘れることのできないじつに貴重な一冊なのです。

メルクーリは社会主義政権下で文化相になってから、ギリシャでの市民の文化創造活動を高める努力と同時に、八三年、かつてイギリスが掠奪同然に大英博物館にもっていったパルテノン神殿の小壁の返還要求運動を展開しました。彼女の国葬は、彼女の遺志を受け継ごうとする、ギリシャ市民の意志表示にほかなりません。アテネ市議会は、国葬のその日、ふたたびイギリス政府にメルクーリが書いた返還要求の書簡を送ったのです。

〈声〉を存在させる闘い

朴壽南著

『もうひとつのヒロシマ——朝鮮人韓国人被爆者の証言』

舎廊房《サランバン》出版部
一九八三年

もう四分の一世紀以上も前のことです。私がそれまでの人生のなかで心から尊敬していたお一人——いみじくも文化人類学者の今福龍太氏が「一つの稀有の〈頭脳〉」と呼んだ、まさに〈考える人〉という形容が最もふさわしい、真の意味で在野の思想家だった戸井田道三さん（最近、処女作の名著『能芸論』もふくんだ著作集『戸井田道三の本』全四巻が、筑摩書房から刊行され

ています）と喫茶店でお会いしている時、それまでの日本の石橋についての話を不意に途中で止めたかと思うと、戸井田さんは突然、窓の外を指さしながら、こう言いました。

「キミ。歩いて行くあの娘《こ》たちが、このきれいない風景をさらに美しくしていると思わないか。あの娘たちが自分のクニの服を着て、生きいきと歩いている姿を見ることができるのは、本当にうれしいことだね。あの娘たちがあの服を着ることができず、そして、もし暗い顔をして歩いていたら、疑いもなく日本が悪い社会になっている証拠だよ」と。

戸井田さんの指さす窓の向うにみえたのは、白い桜の花の下をさんざめきながら歩いている、色とりどりのチマ・チョゴリ姿の五・六人の女子高校生たちのグループでした。たしかに、はずむような彼女たちのチマ・チョゴリ姿は、春の港町の桜並木の光景を、さらにいっそうあかるく華やいだものにしていました。

私は、このところ各地で頻発している街中や電車の中での、チマ・チョゴリを切り裂く事件の最初の報道に接した時、まっさきに思い出したのが、二十五年以上前の、戸井田さんの港町の喫茶店での言葉と表情でした。まるで昔話の中の翁のような顔をしている戸井田さんは、その時、はじめはほほえみながら、上記の言葉を言い終える時には、じつにきびしい表情をしていました。

現在朝鮮学校では、制服のチマ・チョゴリではなくジャージを着て登校するよう学生たちを指導しているようですが、朝鮮学校の子どもたちがチマ・チョゴリを着ることができなくなった現在の日本の社会は、戸井田さんの指摘どおり、確実に「悪い社会」になりつつあるといわなければなりません。

昨年（一九九三年）の本紙〃DIY〃主催の車座ディスカッション《いま、歴史を考えることの意味》に出席して下さった歴史家の池明観《チミョンクワン》さんは、『軍縮問題資料』七月号にソウルからよせられたエッセイ『贖罪の政治学について』のなかで、かつて在日韓国人の学生が、いつまた日本人が関東大震災の時のように朝鮮人虐殺にいきり立つようなことが起るか分からないと語った時、自分は「いま時、そんなことがあるものか」と一言のもとに否定してしまったが、現在は、そのようにきっぱりと否定できる自信はないという意味のことを書いています。たしかに池さんのその不安を、単なる杞憂にすぎないと笑ってすませることができないような現実がいまの日本にあると言っても、けして言いすぎではないでしょう。ファシズムについての哲学的分析をおこなったドイツの哲学者ホルクハイマーは、全体主義の温床は、自己を抑圧し、そこで押さえつけられた情念を外部の弱者・他者に向って吐き出す精神構造にあると言っていますが、そのような温床は充分すぎる位、現在の日本に用意されているのではないでしょうか。

それだけにいまほど、日本人が全身で、少数者である在日朝鮮人・韓国人の内面の声を聴かなければならない時はないと私は思います。ドイツ語の「理性《フェルヌンフト》」は、「聴き取る《フェルネーメン》」という言葉から由来していますが、そういう意味での理性の形成こそが必要なのです。日本人の理性の未来は、どれだけ少数者の声をきちんと聴き取ることができるかにかかっているのです。

私は先日、『朝まで生テレビ』で、ある政治家が「ヒロシマの名において、北朝鮮の核疑惑への制裁が必要だ」とのべているのにびっくり仰天しました。ヒロシマで被爆したのは、日本人だけではありません。数多くの朝鮮人も被爆したのです。しかし、その事実と生き残った被爆者の存在は、在日朝鮮人女性の朴壽南《パクスナム》さんが光をあてるまで、打ち捨てられ、埋もれたままでした。本書に結晶する、十年にわたる労苦にみちた朴壽南さんの血のにじむような努力がなければ、「ヒロシマの朝鮮人」は、沈黙と無視の底に沈んだままになっていたでしょう。

＊

悲痛きわまりない、人間を根底から打ち砕くむごい本当の悲劇というものは、多くの場合、同時に悲劇の当事者がそれについて語ること自体すらも不可能にしてしまう苛酷さをともなっています。まさに、生き残った広島・長崎の朝鮮・韓国人被爆者の場合がそうでした。

最近、日本原水爆被害者団体協議会が被爆者一万三千人を対象におこなった膨大な調査の記録、『ヒロシマ・ナガサキ　死と生の証言——原爆被害者調査』（新日本出版社・一九九四年刊）は、原爆が被爆者に対して「人間として死ぬことも、人間らしく生きることも許さない」、反人間的被害をからだにも心にもいまも与え続けていることを訴えています。しかし、「韓国人原爆犠牲者慰霊碑」(一九七〇年四月除幕)が、広島の平和公園の外に押しやられている事実に象徴的に示されているように、朝鮮・韓国人被爆者は、被爆者差別と共に民族差別があり、また、民族分断の悲劇もからまって、日本人被爆者よりもさらに、人間として死ぬことも、人間らしく生きることも許されない生の苦しみのなかに閉じこめられてきました。しかも、死者四万人、負傷者三万人といわれる広島・長崎の朝鮮人被爆者のことは、その事実も知らされず、日本の反核平和運動のなかでも、生存者や遺族の存在は長くとりあげられることがなかったのです。

そして、朝鮮・韓国人被爆者の幾重にも折り重なった悲痛な悲劇と苦悩は、「同胞たちはわが子にさえ『ピカにおうたこと』を話すこともなく、訴えることばも、相手をも持たずに、……沈黙の闇に生き埋めにされていた」と、本書のなかで著者が記しているような情況をつくり出していたのです。

一九六五年、広島、大阪、筑豊、対馬、新潟等へと、在日同胞の現実の姿を求めて歩いていた朴壽南さんは、広島の被爆者同胞と出会い、「沈黙の闇に生き埋めされている」その存在を知り、そして、「非在としてあるもう一つのヒロシマの復権」のために、被爆者同胞からの聞き取りと、強制連行による徴用や学徒動員、そして徴兵など軍都広島の苦役に繋がれた朝鮮人の歴史を追究する作業に全力をかたむけます。失業対策現場やいまはなき〈原爆スラム〉で、朝鮮・韓国人被爆者と寝食を共にして。

しかし、被爆したこと自体を他人に知られたくないために、「原爆手帖」も取ることもできない人たちが、簡単に自分の体験を語ったりはしません。朴さんは、こう記しています。「生活と生命の崩壊の過程で、人びとの魂もまた深く傷ついている。現実に悲惨の極を生きている同胞たちは、寡黙である……。そして、外の人間が、決して踏みこむことのできない奈落の底に、声もなく、うずくまっているのだろう……。それらの人びとの沈黙を打つ資格がわたしにあるのか……。生あるものの絆から絶ち切られている死者のように、打ち棄てられている同胞たち……。あるいは、血しぶきをあげる狂気の夫や、妻たちの修羅葛藤の現実に、そして、その子供たちの引き裂かれた絶望的な魂に――。これらの人びとが持っている唯一の自衛の手段は、沈黙だけではないだろうか」と。

本書は、一九七三年に刊行された朝鮮・韓国人被爆者証言集『朝鮮・ヒロシマ・半日本人――わたしの旅の記録』(三省堂刊)の増補改訂版ですが、作業開始から十年後に非常な困難をのりこえてこの証言集を完成させることができたのは、なによりも朴さんが、悲劇的沈黙への深い感受性と想像力をもった女性だからでしょう。本書をはじめとする朴さんの作業のすべては、〈声〉を存在させる闘いでした。他者の沈黙をみつめ抜くことができない者に、〈声〉を存在させることはできません。朴さんの本から視えてくるのは、朝鮮・韓国人被爆者の存在だけではなく、同時に、悲劇を生み出した日本というものの姿です。そして、その姿をみつめ抜く以外に、いま、日本の未来への道はないのです。本書はけっして忘れられてはならない本だと、私は思います。

コンピアントの精神

ケエテ・コルヴィッツ著　鈴木マリオン訳

『種子を粉にひくな——ケエテ・コルヴィッツの日記と手紙』

同光社磯部書房
一九五三年刊

昨年（一九九三年）、彩樹社〈フェミニズム・アート〉シリーズの一冊として出版された、若桑みどりさん・西山千恵子さんの心のこもった労作『ケーテ・コルヴィッツ』をよみ、その刺激でコルヴィッツ自身のこの本も再読して、数十年も前の初読のさいの感銘が、あらためてまざまざと蘇ってきました。じつは本書『種子を粉にひくな——ケエテ・コルヴィッツの日記と手紙』は、

私にとって、とりわけ思い出深い、愛着のある本なのです。魯迅が痛切な共感をよせた女性画家コルヴィッツの作品と存在をはじめて知ることができたのが、この本のおかげであり、また、訳者の方が、少年時代の私に大きな影響を与えてくれた人だからです。

本では訳者名は鈴木マリオンという名前になっていますが、実際は、ルポライターの鎌田慧さんが『反骨』（講談社刊）で、その波乱にみちた生涯を描き出した鈴木東民さんが翻訳者なのです。のちに本書が再刻された際には（刀江書院・一九六五年刊）東民さんの名前になりましたが、初版は、娘さんの名前で出されたのです。鎌田さんの評伝に書かれているように——読売大争議においても、また、釜石市長の時も、生涯「一《イチ》ヲモッテコレヲ貫《ツラヌ》ク」という言葉がふさわしい、硬骨そのものの戦闘的な人でしたけれども、私的にはとてもやさしい人でした。当時孤児同然に生きていた私のことも心にかけてくれ、そして、どうやら芸術にも興味があるらしい少年ということで、東民さんはこの本を私に下さったのです。

若桑さんたちの著書のカバーに、「世界の悲しみを見つめた画家」という言葉が印刷されています。コルヴィッツの一度眼にしたら生涯忘れることのできないような、若桑さんが「線描は極限まで抑制され、光から闇、とりわけ半陰影の雰囲気が奥深い空間を表現する。人間ドラマは、かすかな光のある闇のなかで、むしろ内面のなかで起こっているように表現される」と的確に指摘しているコルヴィッツのモノクローム媒体（素描・版画）の作品と、また、戦争での最愛の息子の死への悲しみを深めていく、悲しみと死についてくりかえし語っている文章群に、本書ではじめてふれた時、私もまた、この画家は悲しみと死を凝視した人だなという深い印象をもちました。この本を手にした時の私は、母や兄や親友がこの世を続けて去ってしまい、私の胸の中には、悲哀と死者たちだけが存在していたので、コルヴィッツの作品も言葉も心に沁みるものがあったのです。

「彼女の作品の訴えるものは、なんの罪もなく、殺されて行くものたちへの『コンピアント』（哀悼）であり、痛恨であり、告発である」と、若桑さんは書いています。そしてまた、「コンピアント」とは、「人々とともに泣く行為」であるとのべています。

私はいま人類に——とりわけ日本人に最も必要なものは、若桑さんが語った意味での、コルヴィッツ的な「コンピアント」の精神であり、そのための想像力だと思います。ひたすら〈強者〉であろうとし、自分の〈現在〉だけを享受しようとする精神は、「世界の悲しみ」を無視することしかできません。「従軍慰安婦」問題を小手先でごまかし、チマ・チョゴリの少女たちを傷つけ、核使用を合法だといいくるめ、被爆者援護法もつくろうとしない今の日本社会は、まさしく「世界の悲しみ」を無視しようとしている社会ではないでしょうか。しかし、ドイツの精神分析学者ミッチャーリッヒがいったように、「悲しむという作業《トラウエルアルバイト》」の欠落は、社会の自発的な創造的能力を破壊してしまうのです。

私はぜひ、若桑さんたちの本、コルヴィッツのこの本や画集が人びとに求められてほしいと思います。いまなによりも私たちに必要な「コンピアント」の精神のために。

みごとな女たちの物語

中村輝子著
『女たちの肖像——友と出会う航海』

人文書院
一九八六年刊

ハンナ・アーレントの最後の主著となった『精神の生活』（上・下、佐藤和夫訳、岩波書店刊）や、ながらく入手不能だった彼女のエッセイ集の新訳『過去と未来の間』（引田隆也・齋藤純一訳、みすず書房刊）、『イェルサレムのアイヒマン』（大久保和郎訳、みすず書房刊）の新装版などが、最近相次いで出版されたのは、とてもよろこばしいことです。

ハンナ・アーレント（一九〇六―一九七五）――このドイツ生まれのユダヤ人女性である思想家の思考と省察が、『精神の生活』に付されている訳者佐藤和夫さんのみごとな「解説」が語っているように、「ハンナ・アーレント・ルネッサンス」という言葉があるくらい、現在欧米で深い注視の対象となっています。それは、彼女の〈二〇世紀的経験〉とでもいうべき現代の問題の核心との真摯でかつ根底的な、そして独創性にみちた対決の作業が、いままさに限りなく示唆的であるからでしょう。

ハンナ・アーレントの文章は、けして読みやすいものではありません。私自身もとても理解できているとはいえませんが、折にふれくりかえし読んでいます。歴史哲学者池明観さんがその『現代に生きる思想――ハンナ・アレントと共に』（新教出版社刊）で、アーレントの文章は簡単にはなじめないが、しかし多少なれてくると読みふけるようになる、一つ一つの文章が警句のように深い意味を含んでいる、と言っていますが、たしかにそのとおりです。ハンナ・アーレントは、大変な学識のもち主でしたが、しかしその知性は、亡命体験――それも十八年におよぶ、無国籍であることの生存の基本的恐怖のなかから形成されたものなのです。彼女の思考・言葉の背後には、二〇世紀という時代の危機と困難、そして混乱をみつめ抜かなければならなかったハンナ・アーレントの生の奥行きがあるのです。

そのことをありありと教えてくれたのが、中村輝子さんのエッセイ「ハンナ・アーレント——友と出会う航海」でした。日本語ではじめて、ハンナ・アーレントを体温をもった存在としてその人間像を描き出した中村さんの文章に出会わなければ、この現代における決定的に重要な女性思想家の本を、私は全身で読もうとはしなかっただろうと思います。

中村さんのハンナ・アーレント論の入っている本書『女たちの肖像——友と出会う航海』は、一言でいって、すばらしい好著です。辞典によれば、「好」には、このましいこと、美しいこと、よいこと、たくみなことという意味があるそうですが、まさしく中村さんのこの本は、そうした意味すべてを充たしているのです。

本書は、ハンナ・アーレント以外に、映画『愛と哀しみの果て』の原作者である作家アイザック・ディネーセン、黒人女性文学の先駆者ゾラ・ニール・ハーストン、映画『ジュリア』の原作者、劇作家リリアン・ヘルマン、画家ジョージア・オキーフ、南アフリカの白人作家で、白人の文明への深い問いかけを展開したナディン・ゴーディマの肖像が、まさに「好」筆致で描き出されています。読む者は、著者の的確な道案内によって、それぞれの状況の中で、けっして絶望せず、自分を曲げず、反抗と怒りを燃やし続けて必死に生きぬいてきた女性たちの悲しくきびしい生の軌跡と、ゆたかな作品と思考の創造性にふれることができるでしょう。

中村さんは、ながい間、在日韓国・朝鮮人をはじめとする日本社会の少数者に眼をむけてきたジャーナリストであり、また、埋れてきたアジアの放浪芸人の歴史を追究している研究者でもあります。この本を支えているのは、少数者の側から世界をみつめようとする意志であり、その根底での意志の働きが、この本を美しくあざやかに充実させているのです。

「生命《いのち》」の植物誌

『草木ノート』

宇都宮貞子著

読売新聞社
一九七〇年刊

近頃、新刊本屋さんだけではなく、古本屋さんでも、宇都宮貞子さんの本の姿をすっかり見かけなくなってしまったのは、本当に残念なことです。岡本かの子に、「桜ばないのち一ぱいに咲くからに生命《いのち》をかけてわが眺めたり」という歌があります。一言でいえば、宇都宮さんはその後半生、まさに岡本かの子がいったような精神で「生命《いのち》をかけて」植物と対話し、その対話を記録

し続けてきたのです。

ファーブルが南フランスの僻村に根を下ろして、あの『昆虫記』を書いたように、宇都宮さんは信州上松に住みついて、自費出版で出した処女作『草木覚書』(創文社・一九六七年刊)以降、十余冊のすばらしい〈植物記〉を世に贈りました。

私がはじめて宇都宮さんの著書のページを開いたのは、彼女の二冊目の本『草木ノート』でした。以来、四分の一世紀、私は宇都宮さんの本のすべてを、追うようにして読んできました。宇都宮さんは、なによりもその文章がいいのです。たとえば、つぎのようなアズマイチゲの「群落」についての描写なぞは、宇都宮さん以外の人には絶対に見られないものだといっても、けしていいすぎではありません。

「それらの花はみんな上を向いて、わんぐりした小皿のように開いているが、日陰《ひかげ》のものは長い雫《しずく》みたいにすぼんでいる。花びら(萼片《がくへん》)は十数枚あるが、長短、広狭、それぞれ違う。そしてほんとに薄質だ。細胞が一並べだけじゃないかと思うほどで、手につくとすぐよれてしまう。この花被《かひ》は透明気味の地に、木の枝状の白い、細い筋がある。糸入れの薄様《うすよう》なのだ。

純白の花糸と葯《やく》の清らかなこと。花糸は長短さまざまで、真綿の繊維のように細く、半透明だ。その多数の細く白いものが参差《しんし》して藍《あい》色の花の上に拡がっている美しさ。そしてその中心に若緑の多心皮があって引き立てている。この雌蕊《めしべ》の塊りは、角《つの》の長い緑色の金米糖《こんぺいとう》の集まりみたいだ。……雲が出て来て日を隠した時、アズマイチゲの花は少しつぼんだ。そのうち厚曇りになったら、みんなはたき状に垂れてしまった。光度に敏感な花なのだ。」

こうしたみごとな文章は、美術史家ワールブルグの「細部に神が宿る」という言葉を想い起こさずにはおかないものがあります。

かつて教育運動家の国分一太郎さんは、自然をただ客体としてとらえる「自然観察」ではなく、自然と交流し共生していく意味での、あたらしい「自然観照」の態度の探求が必要だと、『自然このすばらしき教育者』（創林社・一九八〇年刊）のなかで語っていましたが、まさしく宇都宮さんは、私たちにとって、これから本当に必要な、すなわち「細部に神が宿る」ような「自然観照」の生きた手本を示してくれていると、私は思います。

植物学の東京大学倉田悟教授は、宇都宮さんの仕事について、「植物学的にも極めて正確である」とのべています。しかし彼女は、学者としての専門の教育をうけた人ではありません。戦争で夫を喪い、バス会社に勤務しながら、三人の子どもを育てる生活のなかで、白隠の森や山村を歩き廻り、草木の生態を言葉によってスケッチし、また、村人から聞き書きの作業を重ね、そして五十五歳で停年になってから、本格的に文章を書き始めたのでした。彼女の文章のすべては、生活者としての「生命《いのち》」によって支えられています。

つまり、宇都宮さんの〈植物誌〉は、同時に〈生活誌〉なのです。漢字の「生」という字は、もともと土の中から草木の芽が伸びたさまをかたちどったものでした。宇都宮さんのその〈草木ノート〉たちは、自然の「生」そのもの、山村の「生」そのものをとらえた、比類のない「植物民俗学」となっているのです。

＊

宇都宮さんは、奥信濃の山また山の山深い里だった戸隠の森が、まだ原始林そのままの趣きがあったころ、「全く私一人の森だった」とご本人が言いきるほどに、四季の植物たちとの対話のために、ながい年月の間くりかえし足を運びました。しかしまた同時に、彼女は人びとという森のなかにも熱心に通ったのです。『草木ノート』の末尾には、「話者の主な方々」として、七十八名の人の名前が記載されています。また、第一作の増補改訂版である四冊目の著書『草木おぼえ書』（読売新聞社・一九七二年刊）には、「『草木ノート』所載以後の方々」である四十二名の人の名前が付されています。

そこに挙げられているほとんどの人が、長野県北・中部、新潟県西南部各所の村里の「古老」です。名前を記すことができなかった人びとをふくめれば、宇都宮さんはじつに多くの「古老」

からの聞き書きを重ねて、信濃・越後における暮しのなかの植物、植物のなかの暮しの生きた姿に、かけがえのない光をあてたのです。宇都宮さんほどに、民衆のいわば実践植物学、つまり、地域の植物への知識・記憶の働きを手にとるように伝えることができた人は、他にいないのではないでしょうか。

農民詩人の真壁仁さんは、その『野の教育論』（民衆社・一九七六年刊）のなかで、山深い村ほど、そこに生きて暮してきた人たちが創り出した素晴らしい言葉が残っていると書いています。そして、真壁さんはその理由について、かつての山村は、外部から与えられるものがないので、内側からみんなが創り手になるからであり、また、意味を、目に見える視覚的な映像に託して伝える比喩の役割をじつによく考えてつくっているからだと述べつつ、私たちは「文化の原点としての村」を見直さなければならないと指摘しています。その真壁さんの指摘を読んだ時、私がまず第一に思い浮かべたのが、宇都宮さんの『草木ノート』でした。この本は、植物方言――地域ごとの植物の様々な名前を四季に分類して、その植物が、地域の人びとの暮しとどう結びついているかを語っています。

たとえば共通語では「翁草《おきなぐさ》」と言われているのが、長野県の東筑摩郡などでは反対の見立てで、稚児《ちご》に由来する「チゴチゴ」と呼ばれ、また上水内郡などでは「テンマリグサ」、野沢では

「アマンジャク」、茅野では「チンゴンバ」「オッカブロノチンゴンバ」と名づけられていることをめぐる宇都宮さんの聞き書きは、まさに真壁さんの指摘そのままの事例となっています。私たちは、宇都宮さんのこの一冊をみるだけでも、かつていろいろな植物が、人間の衣・食・住や、また、遊び・化粧などにどう役立ってきたかをくっきりと知ることができます。そして、かつての山村の人びとが、今日の私たちが失ってしまった植物との交信の力をいかにもっていたか——すこし難しくいえば、「具体の科学」がどう暮しのなかで生きていたのかを、単なる知識としてではなく、感受性の奥底に響いてくるような仕方で学ぶことができるでしょう。

いま現在、宇都宮さんが生きた自然、記録した植物民俗は、決定的に破壊されてしまったというべきかもしれません。しかしながら、宇都宮さんの本書をはじめとする、女性だからこそ遺しえた実践植物学のみごとな「記憶」の結晶——「生命《いのち》の植物誌」のなかにこそ、現代社会の自然の植民地化を根底から反省し、見直す手がかりが秘められていると、私は思います。

私たちは、そのどれもが中味のびっしりつまった宇都宮さんの著書たちによって、今日私たちが最も必要としている、「大地を子どもたちから借りている」という自覚を、内側からかたちづくっていくことができるでしょう。宇都宮さんが探訪し、記録し、集積した過去からの深い谺《こだま》は、そのまま未来のための大切なよびかけとなっているのです。

悲劇的革命舞踊家の自伝

『わが生涯』

イサドラ・ダンカン著　小倉重夫・阿部千律子訳

冨山房
一九七五年刊

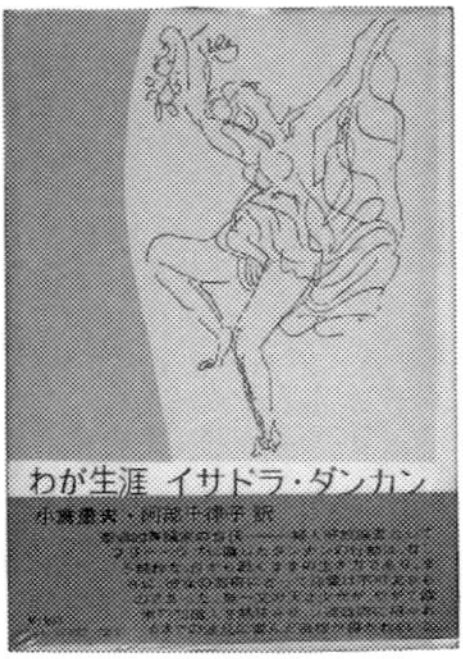

この本の著者、舞踊家イサドラ・ダンカン（一八七七―一九二七）は、時代をいっぱいに生きた、巨人的ヒロインの典型的な女性といえるでしょう。イギリスが生んだ二〇世紀的天才の一人である批評家コードウェルは、英雄とは、時代が与えてくれたものよりも、はるかに豊かなものを時代に投げ返すことができた存在であると定義していますが、イサドラ・ダンカンは、まさし

くこの定義にふさわしい、スケールの大きな女性でした。

一言でいって、イサドラ・ダンカンは、現代舞踊《モダンダンス》の扉を最初にひらいた革命的舞踊家です。クラシック・バレエの形式主義に抗して、彼女自身の言葉で表現すれば、「生命の練成場」としての舞踊を求め、肉体と精神の自由のための表現を追求しました。その努力は、身体性の復権という二〇世紀的思想を直観的に先取りしていたのです。たしかにロシア・バレエの不世出の踊り手ニジンスキーが語ったように、舞踊の素人ともいえばいえる舞踊家でしたが、しかし、そのニジンスキー自身が「偉大なる霊感」とよんで、イサドラから全く新しい創造的啓示をうけたことに示されるように、それまでの専門舞踊家がもっていなかった次元を生みだしたのでした。コルセットとトウ・シューズを脱ぎ捨て、衣装の束縛を否定し、それ故に「裸のイサドラ」と呼ばれた彼女の踊りは、当時のヨーロッパ各地の多くの人びとを魅了しました。イサドラを「世界中で最も偉大な女性」とのべた彫刻家ロダンをはじめとして、演出家スタニスラフスキー、画家マチス、また革命家レーニンが惜しみない賞讃をおくったのです。そして、イサドラが全身で切り拓いた道がなかったなら、アメリカのマーサ・グラハムや、「動きの建築家」とよばれたドイツのメリー・ヴィグマンのようなモダン・ダンスのすぐれた舞踊家たちは誕生しなかったでしょう。

舞踊芸術の劇的転換をひきおこしたイサドラは、実人生においてもじつに劇的でした。賞讃・

反発の双方の両極において彼女が世界の耳目を集めたのは、その劇的な生涯もまた、大いにあずかっていたにちがいありません。

作家オスカー・ワイルドが、熱烈な付け文をよせたほどの美男で、現代演劇の先駆的演出家であり、舞台装置家のゴードン・クレーグ、また、ロシアの高名な詩人セルゲイ・エセーニンらと共同生活をおくり、二児の未婚の母であったイサドラは、「フリー・ラヴ」の女性、恋多き女性として人びとの好奇心の対象となりました。さらに、別れた夫エセーニンが自殺したり、また彼女自身が、スカーフが自動車の車輪の心棒に絡みついて首の骨を折って死ぬという、いたましい悲劇的最期をとげたこともあって、イサドラの生涯は小説や映画にもなっています。しかし、その作品のどれも、イサドラの人間的スケールの大きさ・豊かさを表現しえてはいません。

クレーグはある手紙の中で、「人格というのは素晴らしい力だ。われわれには大体この力が欠けている――イサドラにはそれがある。電流のような彼女の人格は迸《ほとばし》る奔流となって、あらゆるものを虜にしてしまう」と記しました。そのクレーグのいう彼女の「人格の力」を理解するためには、なによりも、イサドラ自身がその死の年に完成させた本書『わが生涯』を読むことが、なによりも第一です。この自伝には、貧困・誤解・嘲笑・悲劇にめげずに、創造的人生を生き抜こうとした英雄的女性の「人格の力」が、一行一行に鮮烈なまでにみなぎっています。

この得難い自伝の底に流れているのは、自由を愛する精神です。そしてイサドラは、革命ロシアで活動できる喜びの言葉でこの本を閉じています。もしかすると、その非業の死は、時代が彼女の夢を押し潰していくことへの予感だったのかもしれません。

〈笑う女性画家〉の万華鏡

桂ゆき著

『狐の大旅行』正・続

創樹社

一九七四年刊

私は、画家の桂ゆきさん（一九一三―九一）のことがとても大好きでした。その作品も、そのお人柄も。私が桂ゆきさんの作品をはじめて知ることができたのは一九五六年、花田清輝さんの評論集『さちゅりこん』（未来社刊）を購入した時でした。その本のカバーに、桂さんの「婦人の日」という絵が印刷されていたのです。私は四十年近くたった今でも、本屋さんの店頭でそれ

を手にしたその瞬間の心のざわめきを、ありありと記憶しています。

笑いと諷刺と猥雑さにみちたラテン文学のペトロニウスの傑作と同じタイトルがつけられている花田さんの『さちゅりこん』は、すべての権威を笑いとばす、はじけるような批評精神が結晶した、じつに精彩に富んだ評論集でしたが、装幀に使われている桂さんの絵は、そうした本の中味にいかにもふさわしい、とても魅力的なものでした。――ちぎった荒縄を腰にまきつけたまま仁王立ちになったおかみさんが、箒を逆さにもち、手をあげて合図をおくっているその絵には、快活な、生きいきとした笑いがあふれています。

私は、私にとって忘れ難い一枚の絵である桂さんの「婦人の日」が放っている魅力の意味というものを理解できるように思えたのは、ずっと後になってミハエル・バフチンの『フランソワ・ラブレーの作品と中世・ルネッサンスの民衆文化』を読んだ際のことでした。

カーニバルにおける民衆文化の笑いの研究として、いまや不朽の古典的名著の位置を獲得しているその大著のなかで、バフチンはつぎのような意味のことを記しています。古いものの破壊と新しい世界――新しい年、新しい春――の誕生を祝うカーニバルでは、「逆《さか》しまの世界」とよぶことのできる転倒の行為が生まれること。たとえば男が女に、女が男に変装し、衣裳が裏返しに着られたり、馬の背に逆さむきに乗ったりする。また、家庭用品が武器となり、什器、食器類が楽器として使われ、箒はカーニバル的形式のための重要なシンボルであること。その「逆しまの世界」の行為は、世界の生成と交代にたいして敵対的で、人間と社会体制の現状を絶対化しようとする公式的な生真面目さから人びとを解放し、そして、交代のよろこびと陽気な相対性をもつカーニバルの笑いは、世界と人間、人間と人間を限りなく近づける全民衆的世界感覚をつくりだすのだ、と。私がバフチンのこうした指摘からまず最初に思い浮かべたのが、桂さんの「婦人の日」だったのです。まさしく桂さんのその絵からは、カーニバルの笑いのような、深い意味での全民衆的世界感覚が立ちのぼってきます。

すてきな笑顔を失わない桂さんにお会いするたびに、私は『不思議の国のアリス』に出て来る笑い猫《チェシャー・キャット》を連想したものです。〈笑い〉だけを残して消える、あの猫のことを。花田清輝さんには〈笑う思想家〉という趣きがありましたが、さしづめ桂さんは〈笑う画家〉でしょう。「婦人の日」をはじめとして、桂さんには、さまざまな笑い声が聞えてきそうな作品がいくつもあります。

桂さんの名前は、一九六二年にカッパ・ブックスでベストセラーになり、また毎日出版文化賞を受賞した『女ひとり原始部落に入る』で世に広く知られるようになりました。その本もなかなか面白いものですが、でも私は、アフリカ、アメリカ、ヨーロッパ、ソ連、日本の旅の各章の間に、さまざまな短文を間奏曲として入れこんだこの『狐の大旅行』正・続二冊の方が、大いに不逞なところもある〈笑う女性画家〉を知るのによいのではないかと思われました。大学研究者ではけして書けないようなジャン・ジュネ論や、また『性の政治学』（ドメス出版刊）の著者ケイト・ミレット、画家ベン・シャーンをめぐるエッセイも入っている本書は、反画壇に徹し、自由な存在であり続けようとした女性創造者の見事な万華鏡となっています。

「コチン」としたものへの挑戦

筑紫美主子著
『旅芸人の唄——筑紫美主子自伝』
葦書房
一九八一年刊

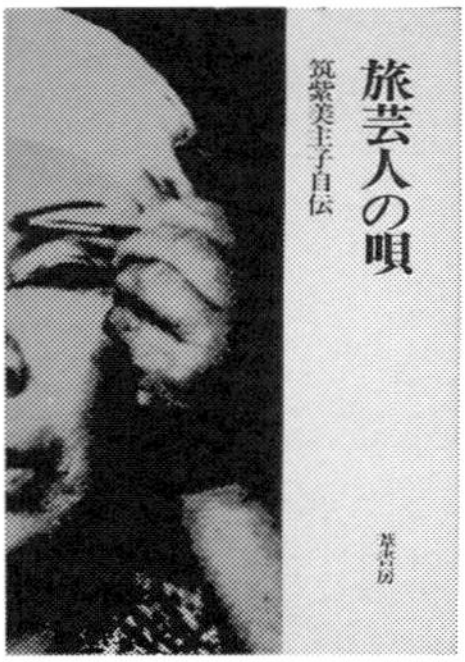

十五年程前のことです。旅行先の北九州K市を歩いていると、「佐賀仁〇加の女王・筑紫美主子来る」と印刷された小さなポスターを、町中のそこここで見かけました。私は〈江戸にわか〉、〈大阪にわか〉、〈博多にわか〉については、民俗芸能史的な関心から多少の知識をもっていました。しかし、〈佐賀にわか〉とは全くの初耳であり、また、チクシさんの名前さえ聞いたことが

ありませんでした。

そこでK市在住の友人に聞いてみたところ、「そりゃ佐賀にも〈にわか〉はあるだろ。チクシ・ミスコは面白いらしいよ。とても人気があるらしいんだ。筑紫にわかといわれている位だからね」という答が返ってきました。そして、自分もまだ観たことがないので一緒に劇場に行こうと誘われたのですが、その旅行ではどうしても時間のやりくりがつかないまま、筑紫さんの芝居を観ることを断念したのです。

私がその後しばらくして、東京の本屋でこの「筑紫美主子自伝」という副題がつけられている『旅芸人の唄』をためらいもなく購入したのは、K市での記憶のためでした。そしてはじめは、〈佐賀にわか〉のことを知りたいという期待から手にしたのでしたが、本のページを開いたそのとたん、とてつもない人生を語っている本に出会ったことを、私は悟らないわけにはいかなかったのです。

こういう本を読むと、あらためて世の中にはいろいろな人がいるのだなぁということに、心から感動させられます。この本は九州の芸人の話なのに、北海道旭川市のことから始まります。つまり筑紫さんは、一九二一（大正十）年旭川市で、ロシア革命から亡命してきたいわゆる白系ロシア人を父親として生まれたのでした。しかし筑紫さんは、父親の顔も、名前も、その消息の一切を知りません。

そして三歳の時、生母の故郷九州佐賀市の遠縁の古賀家に入籍、そこで育てられるのです。だが、「トウモロコシの穂のような髪の毛の、目の色の違う女の子」は、異形の子として世間から拒まれます。「一緒に遊ぶと髪の毛の色が伝染《うつ》るよ」と、同じ子どもたちにも全く相手にされません。

この本のなかに、「悲しさからの出発」という章がありますが、まさしく筑紫さんの人生は、「悲しさからの出発」でした。筑紫さんは、いつも自分はすべてから拒まれてきたという意味のことを、「何かコチンと当たってははじき返されてしまう」と表現しています。その彼女が、「俄」「仁和加」「仁輪家」「二〇加」と様ざまに表記される、舞台と客席の当意即妙のやりとり・交流・おかしみを基礎とした芸能〈にわか〉の女座長となって、笑いと涙で心の壁——すなわち「何かコチン」としたものをはずしていく芸能者へと自分を形成する道程が、この自伝では、見事に一気にあざやかに語り下ろされています。ここには、いまテレビ文化が失った大衆芸能の魂の原型が刻みこまれています。

この『旅芸人の唄』に出会ったあと、私はテレビで筑紫さんの演技を拝見することができました。彼女の舞台をみて、「観音さまに会うたごたる……」と言った観客がいたそうですが、テレビで中継された舞台の演技からでも、その言葉のもつ意味がよく解るように私は思いました。本書は、筑紫さんの還暦を記念して出版されました。それから十四年。筑紫さんは、いまでもお元気に舞台に立っているそうです。

私は近い内に、筑紫さんの舞台を、かならずや観に行くつもりです。

女性自由社会主義者《リバータリアン》の労作

『ユートピアの思想史――ユートピア志向の歴史的研究』

マリー・ルイズ・ベルネリ著　手塚宏一・広河隆一訳

太平出版社
一九七二年刊

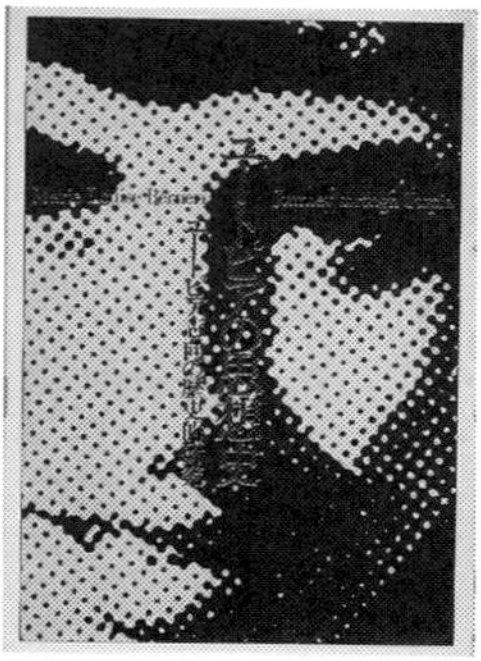

私は、二人のルイズを尊敬しています。一人は、パリ・コミューンが生んだ不撓不屈《ふとうふくつ》の女性アナキスト、ルイズ・ミッシェル（一八三〇－一九〇五）であり、もう一人は、大著『ユートピア巡り』（邦訳『ユートピアの思想史――ユートピア志向の歴史的研究』）を書いた直後に、三十一歳の若さでこの世を去ったマリー・ルイズ・ベルネリ（一九一八－四九）です。たぶん、彼女のル

イズという名前は、ルイズ・ミッシェルからとられたのでしょう。イタリアの著名な指導的アナキストであった彼女の父親は、大杉栄が娘をルイズと名づけた場合と同様に、詩人のポール・ヴェルレーヌが、「彼女は、辛くて率直で臆病な、貧しい人を愛した。彼女は、白いパンのために熟した、麦畑の鎌だった」とバラードで讃えた、「モンマルトルの赤い聖女」ルイズ・ミッシェルのような女性革命家になってほしい、という期待をこめていたにちがいありません。

彼女は、見事に父親の希いに応える存在に成長しました。ファシズムによる父親の逮捕、一家の亡命生活という苛酷な年月のなかで、十八歳でフランスのリバータリアン（自由社会主義者）の組織に参加し、機関紙の編集にたずさわりました。十九歳でロンドンに移り、死ぬまでこの地で活動を続けます。ベルネリの父親が悲劇的犠牲を遂げた、スペイン市民戦争による孤児のためのコロニーの運営、また、消滅しかかっていたアナキズム運動の再建、その機関紙の発行等――困難な状況のなかでのベルネリの活動は多くの人びとに感銘を与え、力づけてきました。彼女が三十一歳で急死したのは、活動と著述への献身による疲労の深さのためだったのかもしれません。

私は最近、戸田清さんの『環境的公正を求めて――環境破壊とエリート主義』（新曜社・一九九四年刊）を読んださい、そのトビラに、「本書をマリー・ルイズ・ベルネリにささげる」とあるのを発見して、胸の熱くなるのを覚えました。

戸田さんの著作は、私たちが生存している現代世界の中核的問題に真正面から切り結んでいる、とても意欲的な問題提起となっています。戸田さんはその本において、環境問題と南北問題が来世紀にかけての人類最大の課題であることを指摘しつつ、その問題の克服のために、「豊かな者が破壊し、貧しい者が被害をこうむる」という仕組みを変えていく「環境保全と社会的公正の同時達成」が不可欠であると語っています。つまり、環境的公正と参加民主主義の国境を越えた実現は切り離せない一対のものであり、「いわゆる現存した社会主義」は、その「生産力主義」と「中央集権主義」の根底にあるエリート主義によって崩壊したのだ、と戸田さんは語っています。

私は読了して、戸田さんがその著作を、今日ではほとんど忘れられている自由社会主義者マリー・ルイズ・ベルネリにささげた意味がよく分りました。ベルネリは、プラトン以来さまざまに語られてきた多くのユートピア像を検証しつつ、「権威主義ユートピア」という範疇に入らないユートピアは、ディドロやモリスやフォニイたちぐらいのものであると言っています。つまりこの『ユートピア巡り』は、権威主義的ユートピアがプラトンに始まり、モアを経てマルクス主義社会主義の内的構造となっていることへの告発でした。戸田さんは、ベルネリの「非権威主義ユートピア」という思想から、今日の問題を考える決定的ヒントをつかんだにちがいありません。

ユートピアを構想することが無意味に思われるいまほど、逆にユートピアへの思考が必要なのです。「ユートピアを消失すると、人間は即物的な事物となる」とマンハイムは言っていました。鮮烈な意志と繊細な思考力によって書かれた本書が読まれるべきは、むしろ、この現在《いま》なのです。

〈水晶の精神〉のメモワール

『パリ・コミューン——一女性革命家の手記』上・下

ルイーズ・ミッシェル著　天羽均・西川長夫訳

人文書院
一九七一年刊

マルクスが「初めて社会主義社会の現実的形態が発見された」と評価した、一八七一年のパリ・コミューンは、ティエール政府によって血の海に沈められました。史上最初の民衆自治政府は、七十二日間の短い生命でした。そして、女性・子どもをふくむ約二五〇〇〇人のコミュナール（コミューンの支持者）が殺され、二十名の女性を入れた三八五九名のコミュナールが、フラ

ンス領の中で最も遠い場所、太平洋上のニュー・カレドニア島に流刑となりました。

コミューン当事者による数多いメモワール類のうちでも、じつに生きいきとした、それこそ燃えるような比類のない回想である本書『パリ・コミューン——一女性革命家の手記』を書いたルイズ・ミッシェル（一八三〇—一九〇五）は、その流刑囚の第一号でした。

一八八〇年の恩赦でパリに戻るまで、彼女は七年間、「神から見はなされた者の地獄」と言われていた流刑地で過すことになります。詩人であり、百科全書的な広い興味をもつ元小学校教員であった彼女は、新しい土地のすべてを愛しました。鳥、蛇、蜘蛛、珍しい果物、植物をあくことなく観察しました。また特筆すべきは、島の人間であるカナカ人と親しくつきあい、カナカ語を学び、カナカの音楽も学んだことです（のちに彼女は、『カナカ人の伝説と武勲詩』という本を書いている位です）。そして、一八七八年、カナカ人たちがフランスの植民者たちの不当な仕打ちに抗して反乱を——石だけを武器に、山岳用の曲射砲、小銃その他あらゆる種類のヨーロッパの武器をもった植民者に反乱を起したさい、自由・平等・友愛というコミューンの精神のために闘ったはずのコミュナールの流刑囚のなかで、カナカ人の味方となったのは、ルイズほかごくわずかな白人たちでした。カナカ人の反乱がつづいたある夜、嵐の中を泳いで仲間の応援にかけつけていくカナカ人がそっとルイズをたずねてきます。戸をたたきながら、闇の中で彼らは「タイオー」と名のりました。「タイオー」とは、カナカ語で「友人」という意味です。ルイズは、その「タイオー」たちに、それまでどんな苦しい日々にも手離さなかったコミューンの真紅の懸章を二つに裂いて手渡したのでした。

ルイズのこの本での、流刑の日々の記述はとりわけ胸をうつものがありますが、その中でやはり反乱の罪で流刑となったアラブ人の善良さ・素朴さ・公明正大さへの共感を記しているのも印象的です。

ルイズ・ミッシェルは、その生涯のすべての瞬間において、弱い者の味方でした。アメリカの高名な女性アナーキスト、エマ・ゴールドマンは、そうしたルイズを描いた「ルイズ・ミッシェルの印象」という、とても感動的な文章を残しています。

エマは、自分を狙撃し、重傷を負わせた男の釈放のためにみずから法廷に立ったルイズのことを驚きをこめて語りながら、つぎのように記しています。

「彼女のドレスは古ぼけて居、ボネットも古臭いものでした。身につけているものはすべて似合わないものです。けれど彼女の全体が内面の光で輝いていました。力強さの溢れた彼女の輝やかな個性、子供らしい単純な動作、こうしたもので人はすぐ彼女のとりこにされてしまう。ルイズと過したその日の午後は、わたしの生涯でそれまでになかった経験でした。彼女と手を握り、またわたしの頭に手をあててくれ、やさしい言葉と親しい同志愛は、わたしの魂を昇華させ、彼女の住んでいる美の領域へつれて行きました。」と。

パリ・コミューンから四分の一世紀を経て、無名の女性闘士の眼で仕上げられたこの書物は、まさしくエマのいう「内面の光」が輝いているのです。

*

米国の女性アナーキスト、エマ・ゴールドマンがルイズ・ミッシェルの「内面の光の輝き」について感動をこめて語った文章を読んだとき、私は、G・オーウェルの〈水晶の精神〉という言葉を連想しました。オーウェルは、「人間らしいまともな生活」を希求してスペイン戦争に参加した、ある無名のイタリア人民兵に、「いかなる権力も奪うことはできない、いかなる爆弾も砕くことはできない」〈水晶の精神〉を見出しました。(「スペイン戦争回顧」)。

まさしくルイズ・ミッシェルもまた、オーウェルのいう「人間らしいまともな生活」を求めて、コミューン政府の布告の表現をつかえば、「コミューン……自由な国における自由な都市……新しい社会機構の最初の礎石」のために全生命をかけて献身します。当時パリにいたイギリスの『タイムス』の特派員は、パリ・コミューンでの、パリの民衆が逆境のなかで示した英雄的蜂起に触れつつ、「フランス国民が女性からだけで成っていたとしたら、どんなにか恐るべき国民だったことだろう！」と書いていますが、パリ・コミューンがその民衆性・自発性・無名性において際立った個性を実現したのは、数多くの女性たちの活動のためです。

女性たちは群衆を統率し、政府軍の兵士を武装解除し、武器製造、バリケード構築、戦傷者の救護にあたり、また、地区のクラブや監視委員会のメンバーとして積極的に政治舞台にも登場しました。ルイズは労働者貧民の住むモンマルトルにいて、子どもたちの教育、知的な障害をもつ子どもたちの面倒、また女性のための職業教育にたずさわっていましたが、同時に、共和主義の大義を民衆に訴えていく活動家でもありました。ルイズは、パリ・コミューンの理念を体現した女性コミュナールの代表的な一人だったのです。

「私たちはまるで大地から立ちあらわれたようだった。私たちが死ねば、パリが立ちあがったろう。ある時期には、群衆が人間の海の前衛となることもある」――といった、体温の高い文章で書かれたこの回想録『パリ・コミューン――一女性革命家の手記』は、私たちをルイズと一緒にパリ・コミューンを生きさせる力をもっています。それは、歴史的現実を全身で生き、闘いぬいた者だけがもつことのできる、深い感銘を覚えさせるまでの徹底性があるからでしょう。

大佛次郎は、そのパリ・コミューンを描いた浩瀚《こうかん》な力作『パリ燃ゆ』（朝日文庫）を、サン・ドニ美術館でルイズ・ミシェルを描いた絵と出会うところから書き始めています。そして次のように記しています。

「ルイズは小学校の教員だったし、また少女時代から詩を作って、当時の文豪ヴィクトル・ユゴーに作品を見せ、文通もあった。花や小鳥や小動物を愛した優しい人柄のまま、コミューンの闘士、大立物となった。その成長のあとを辿って見るのは、ルイズの精神形成とともに、コミューンに導くフランスの市民社会の歴史を見ることにもなる」。

大佛次郎がその力作にとりかかる大きなきめ手になったのは、本書やまた彼女の別の回想の存在だったにちがいありません。どちらも次つぎにあふれ出てくるエピソードは、読み手をどこまでも魅きつけてやまない力があります。

ルイズは、流刑から帰って間もなく、餓えきった失業者のデモの先頭に立ち、パン屋に押しかけてパンを奪い、失業者たちに分配しました。そのため五年間入獄しましたが、いつも彼女は、弱い者の「人間らしいまともな生活」を求める民衆の具体的行動のなかにいました。権力に対する憎悪から自分のことをアナーキストといったルイズは、思想家というよりも行動者でした。本書は、「いかなる権力も奪うことはできない」〈水晶の精神〉をもつ女性が書いた、実に貴重なメモワールなのです。

魂の殺戮《さつりく》を証言する文学

『砂の荷物』

アンナ・ラングフュス著　村上光彦訳

晶文社
一九七四年刊

ボーヴォワールの「偉大な作品」という評価が全くふさわしい、ナチス・ドイツによるユダヤ人絶滅政策についての九時間半に及ぶ証言映画『ショアー』を見終わった時、私の胸中に真っ先に浮かんだのは、以前『死者・生者――日蓮認識への発想と視点』(一九七四年・未来社／現在『上原専祿著作集』第十六巻所収・評論社)でよんだ、上原専祿さんの次の言葉でした。

「……アウシュヴィッツで、アルジェリアで、ソンミで虐殺された人たち、その前に日本人が東京で虐殺した朝鮮人、南京で虐殺した中国人、またアメリカ人が東京大空襲で、広島・長崎の原爆で虐殺した日本人、それらはことごとく審判者の席についているのではないのか。そのような死者たちとの、幾層にもいりくんだ構造における共闘なしには、執拗で頑強なこの世の政治悪・社会悪の超克は多分不可能であるだろう。いずれにしても、死者にたいする真実の回向は、生者が審判者たる死者のメディアになって、審判の実をこの世界であげてゆくことのうちに存するのではあるまいか」

上原専祿さんは、むしろ今日一層よまれるべき強烈な感銘を与えずにはいない右の本のなかで、くりかえし生者と死者との「共存・共生・共闘」の意味についてのべています。十一年という歳月をかけて『ショアー』を製作した監督クロード・ランズマンは、「死者に代わって語ることこそが、生き残った人びとの唯一の役割なのだ」とこの作品の意図について語っていますが、まさしくランズマンは、上原専祿さんがいう意味での死者との共闘という、じつに困難な課題を実現してみせたのです。その映画は、記録映像や資料を使わず、生き残ったユダヤ人たちなど関係者へのインタビューを通して、ショアー（ホロコースト）の想像もできない歴史を擬視したものです。

私は、類いない作品である『ショアー』を観る活動が市民によってすすめられ、そして、映画の〈すべての語り〉を完璧に近い形で再現したテクスト『ショアー』（高橋武智訳・作品社刊）が広く読まれることを心から希わずにはいられません。なぜならこれほどまでに、いわば〈二〇世紀的経験〉の悲惨さの核心についての様ざまな思考へと、私たちを導く作品はないからです。

私はこの映画の中での、四十万人のユダヤ人の男女・老人・子どもを灰にし、五〇〇〇人の「ジプシー」が殺されたヘウムノの収容所でのわずか二人だけの生き残りの一人、モルデハイ・ポドフレブニクの証言に激しく心をうたれました。彼は言います。「（ヘウムノでは、自分のなかの）すべてが死にました。でもやはり人間ですから、生きたいと思います。そのためには忘れなければならないのです。」と。若き哲学者高橋哲哉さんは、その問題提起的な著書『記憶のエチカ——戦争・哲学・アウシュヴィッツ』（岩波書店刊）のなかで、このポドフレブニクの答えについて、「記憶は死を、忘却は生を意味する。『記憶しなければならない』は死の掟、『忘れなければならない』が生の掟なのである」と指摘しています。

私はポドフレブニクの言葉と高橋哲哉さんの指摘から、ジャン・アメリ、プリーモ・レーヴィ、ブルーノ・ベテルハイム、パウル・ツェラン、アンナ・ラングフュス等といった、収容所から生還し、そしてすぐれた作家、学者として仕事をすすめていた人びとがなぜ不意の自殺をしてしまったのか——その悲劇が、いくらか理解できたように思いました。

収容所は生命だけでなく、人間の精神を押し潰し、魂も殺戮してしまうのです。ポーランド出身のユダヤ人女性作家アンナ・ラングフュスの一九六二年にゴンクール賞を受賞した小説『砂の荷物』(「女のロマネスク5」)は、収容所という地獄の川を渡り、自己の内部が打ち砕かれたまま、現実の生に還帰しようとする試みが結局は無惨な破局を迎えてしまう女性を描いた、印象的な忘れ難い内面的証言の文学でした。

＊

小説『砂の荷物』は、ポーランドにあったナチス強制収容所の生き残りである女主人公マリアが、パリと思われる都会を彷徨《さまよ》い歩き、アパートの自分の部屋に帰ってくると、強制収容所で死んだ両親と夫の三人の幽霊たちと会話を交わすところから、その作品の世界が始まります。――この印象深い導入部は、マリアが傷《いた》ましい幻視と打ち砕かれた内面を生きていることを、一挙に、鮮やかに示しています。

私は二十年ぶりにこの小説を読み返し、一冊の本のことを思い出しました。それは、ナチスの強制収容所を生きのびた人びとの体験と現在を日本人女性が記録した貴重な著書――フォト・ジャーナリスト大石芳野さんの『〔夜と霧〕をこえて――ポーランド・強制収容所の生還者たち』(日本放送出版協会・一九八八年刊)です。大石さんはその本の第I章で、「新しい病い、強制収容所症候群」について多くのことを書いています。

大石さんは、かつて自分自身がアウシュヴィッツの囚人であり、そして戦後、「新しい病い」である「強制収容所症候群」の治療と研究にすべてを捧げてきたクオジンスキ医師に導かれながら、「強制収容所症候群」に苦しめられている様ざまな人びとに会っていきます。戦後も四十年以上経ているというのに、その人たちはいまだに完全な解放感がなく、神経過敏、不安、恐怖感、周囲の環境への不適応、絶え間ない自己分裂、他人への不信へとおちいっていく。──そして、時の経過と共に内面の傷は癒されず、その傷口はむしろ時と共に成長する、ということを知るのです。『砂の荷物』によってアンナ・ラングフュスがとらえようとしたのは、まさに大石さんが追求した「強制収容所症候群」そのものであり、そしてそこで決定的に語られているのは、戦後の状況そのものが「強制収容所症候群」を、むしろ一層悪化させていくものだったということにほかなりません。

作品としての『砂の荷物』の特徴は、すべてが暗示的にほのめかされ、そして突然、裂け目から鋭角的な断片的なイメージが突き出されてくるところにあります。

「人間の尺度では測りえない現実を、どうして人間のことばでもって喚起することができましょう。犠牲者の声が聞こえてくるためには、沈黙が、深い沈黙が、ことばのあいだに必要なのです。」というアンナ・ラングフュス自身の言葉がありますが、この『砂の荷物』は、叫びのような沈黙、沈黙のような叫びで織りなされている作品です。

女主人公のマリアという名前が、実は本名ではないというのも暗示的です。そのマリアという名前は、ポーランド抵抗運動組織のマリアンが、彼女のために作ってくれた偽造の身分証明書に記載されたものでした。そしてまた、強制収容所のことも揺曳《ようえい》するきれぎれのイメージで示されるだけですが、その示し方によって、強制収容所が生命だけでなく、人間の精神を押し潰し、魂をも殺戮《さつりく》してしまうことを見事に物語っているのです。

この小説は、再読を読者に要請する微妙さをもっています。そして読み手は、読み返しているある瞬間に、読む〈私〉が〈マリア〉を見つめているのではなく、〈マリア〉から〈私〉が見つめ返されているのだということに気づくはずです。つまり、『砂の荷物』は読者との深い対話の中でこそ、その全容・深みを現してくるような対話的証言の文学なのです。

アンナ・ラングフュスは第一作『塩と硫黄』(一九六〇年刊)、最後の作品『跳ぶんだ、バルバラ』(一九六五年刊)の三つの作品を書いて、一九六六年に自殺しました。作者自身、マリアのように戦後の世界に根づくことができなかったのでしょう。しかし、すべての祈りから拒まれ、また、すべての祈りを拒みながら、その文学は、祈りそれ自身となっているのです。

アイルランド文芸復興の母

近藤孝太郎訳『グレゴリイ夫人戯曲集』

新潮社
一九二四年刊

一九九五年のノーベル文学賞は、北アイルランドの詩人シェイマス・ヒーニーに与えられました。これでアイルランドは、イェーツ、ショー、ベケットに加えて、四人の受賞者を数えることになります。人口五百万にみたぬ小国なのに、こうした受賞者のほかに、二〇世紀文学の世界で決定的な意味をもつジョイスなどの存在を考えると、アイルランドが、大変な「文学大国」であ

ることがわかるでしょう。

高橋哲雄さんは、その名著『アイルランド歴史紀行』(ちくま文庫)の中で、中世のアイルランドは「聖人と学者の島」と呼ばれたが、それにならって、近現代のこの国を「文学者の島」、もっと絞って「詩人と劇作家の島」と名付けても、けっして誇張にはならないだろうと言っています。全くその通りだというほかありません。

そして、アイルランドを「詩人と劇作家の島」たらしめたのが、グレゴリイ夫人(一八五二―一九三二)という女性なのです。司馬遼太郎さんが、いみじくも「日本でいえば本居宣長と萩原朔太郎と柳田國男と小山内薫を一つにしたようなひと」(『愛蘭土紀行』Ⅱ、朝日文庫)とのべている詩人イェーツは、その『回想録』の中で、グレゴリイ夫人について、「彼女は私にとって母であり、友人であり、姉のようなものだった。彼女のいない世界など考えることもできない」と記していますが、アイルランド近代文化史上画期的な意味をもつアイルランド文芸復興運動が始まったのは、一八九六年のイェーツとグレゴリイ夫人との出会いからでした。二人が強烈な牽引車となり、死体置場《モルグ》だった古い建物を改造してアベイ劇場をつくって、「われわれは毎年春、ダブリンにおいて、作品の多少の優劣は問わず、ケルト的・アイルランド的劇文学を樹立するための高い志向をもって書かれた劇作品の上演を目指すものである」という宣言のもとに活動を開始しました。そして、二人の努力によって、シング、オケーシ、ダンセイニなど、現在も私たちを魅了してやまない世界的な作家たちが生まれたのです。

グレゴリイ夫人はまた、イェーツと共に村々を廻って、長年のイギリスの苛酷な支配によって埋もれてきた古代アイルランド、すなわちケルトの古い民俗的歌謡、伝説、神話を掘り起こしました。グレゴリイ夫人は三十数編の戯曲のほかに、『アイルランド西部の幻想と信仰』や『詩人と夢想家たち』、『ミュルヘヴナのクーハラン』、『神々と戦士たち』、『キルタータン不思議物語』等の数多くの著述によって、採集した民間伝承を書き残しています。

こうした創造的努力と同時に、四十歳で未亡人になっていた彼女は、森と湖に囲まれた広大な邸宅を開放して、イェーツをはじめとする、当時の若い作家、詩人、学者など後年アイルランド文学史上に名を残す人たちにとって、魅力的なサークルを形成したサロンをつくったのです。その豊かな知性・暖かな包容力にみちた人柄によって、刺激的で心の安らぎを与えたその邸宅は、いまは廃墟になっています。しかし、当時集まった文人たちのイニシャルが彫りこまれた、「署名の樹《オートグラフ・ツリー》」として有名な邸跡の黄ぶなの樹《コパー・ビーチ》は現在でも健在です。その樹の幹には、イェーツ兄弟、シング、ショー、E・M・フォスター、オケーシ、カスリン・タイナンなど十二名のイニシャルが彫りこまれており、その顔ぶれを見ても、グレゴリイ夫人がいかに当時の可能性にみちた人びとを引きつけていたかが理解できるでしょう。

こうした稀にみる人間的な大きさと行動力をもったグレゴリイ夫人が存在しなかったら、疑いもなくアイルランド文芸復興の運動は、あれだけの結実を残せなかっただろうと思います。この比類なき女性の作品が日本語になっている、貴重な、唯一冊の本があります。それが、この『グレゴリイ夫人戯曲集』です。

＊

本書『グレゴリイ夫人戯曲集』には、明治四十年代の日本での新劇運動の興隆期によく上演されたという『噂のひろまり』や『ヒヤシンス・ハルベイ』を始めとして、計七つの戯曲が翻訳・収録されています。多くの作品を書いた劇作家であった彼女のある側面だけが――たとえば、童話劇『金のリンゴ』などが収録されていません――まとめられている翻訳集ですが、しかし、彼女独自の個性や志向性はくっきりと刻印されています。

グレゴリイ夫人は、今世紀はじめダブリンで『噂のひろまり』の初演の際、どよめくばかりの喝采のために、せりふが聞きとれないという位、人びとの人気を集めていました。方言を活用したグレゴリイ夫人の戯曲は舞台に上げると精彩を放ち、他の作家より五倍十倍も上演回数が多かったそうです。だが正直に言って、グレゴリイ夫人はシングやダンセイニのような作家にくらべると、見劣りのする劇作家であることはたしかです。とはいえ、かつて花田清輝さんは、民俗的想像力を見事に汲み上げた秋元松代さんの戯曲『常陸坊海尊』のことを、「その大きさは測るべからず」という『遠野物語』での柳田國男の言葉を使って激賞したことがありますが、グレゴリイ夫人の仕事と存在には、まさに「その大きさは測るべからず」といったようなところがあり、本戯曲集にも、そうした片鱗があざやかにきらめいています。

いま日本でも、高橋哲雄さんの言葉でいえば、「偉大なる田舎」としてのアイルランドが注目を集めています。たとえば、アリス・テイラーの『アイルランド田舎物語』『アイルランド冬物語』（新宿書房刊・共に高橋豊子訳）等がよく読まれているようです。しかし、イギリスの苛酷な植民地支配のもとで、墓石には「ＩＨＳ」――つまり、I have suffered（私は苦しんだ）とほとんどの人が刻んでいたというほどの、苦難にみちたアイルランドの農村に目をむけ、その世界を最初に作品化したのは、ほかならぬグレゴリイ夫人たちでした。彼女たちが始めたアイルランド文芸復興は、一八四五年の大飢饉、大餓死――土地取り上げ――土地戦争、第二次、第三次土地戦争と、よくこれだけ続くと思われるねばり強い反英闘争のなかから生まれてきたのです。アイルランドの古い農家は、エントツがなく、また窓がないため家中がひどくすすけていたそうですが、それは、エントツにも窓にも税金をかけるというイギリスのすさまじい収奪のためでした。

彼女は、そうした貧しい農村に入り、人びとの間で口承されてきた、埋もれた神話・伝説・民話を採集しつつ、また、農民の生活やフォークロアを演劇にしたのです。

グレゴリイ夫人は一流の創作家ではなかったかもしれませんが、最高の文化芸術オルガナイザーであり、文化の創造的土壌づくりに全力をあげた女性でした。もし彼女の存在と努力がなければアベイ劇場も、また、偉大な詩人イェーツも、シングもオケーシもダンセイニも——つまり、二〇世紀アイルランドの世界的な存在となった個性的な創造者たちが出現することはなかったでしょう。

鶴岡真弓さんをはじめとして、アイルランドの基層文化をめぐる極めてすぐれた研究者が、日本でも誕生しています。しかし、グレゴリイ夫人を水源とするアイルランドの精神的地層を掘削《くっさく》する流れがなかったら、そのすぐれた研究も不可能だったでしょう。また最近の研究では、世界文学の最高峰であるジェームス・ジョイスの作品『ユリシーズ』『フィネガンズ・ウェイク』が、アイルランドの基層文化と深く結びついていることが明らかにされつつあります。つまり、アイルランド文芸復興がなければ、二〇世紀文学最大の問題作は存在しなかったのです。

グレゴリイ夫人は、真の意味で、偉大な女性だったといわねばなりません。

先駆的アイルランド文学紹介者の最後の書

『燈火節』
片山廣子著

暮しの手帖社
一九五三年刊

私がアイルランド文学に格別の興味を抱くようになったのは、少年期に、「イエイツ童話集・グレイヴス童話集」と題された『世界童話体系H　愛蘭篇』（近代社・一九二五年刊）を読んで以来のことです。その本の中の、アイルランドでは、吟遊詩人は片眼でなければならないこと——つまり、明るい世界と暗い世界とを同時に擬視できる人間だけが、神々の物語を唱うことが

許されているという話に魂を奪われた私は、すっかりその「愛蘭篇」の虜《とりこ》になってしまったのでした。

しかし、私が本当の意味でアイルランド文学の魅力や意味に出会うことができたのは、松村みね子（一八七八―一九五七）の『ダンセイニ戯曲全集』『愛蘭戯曲集』『シング戯曲全集』をはじめとする、一連のアイルランド文学の翻訳の成果があったからです。私の十代後半には、三十円という値段で角川文庫にイェーツの『鷹の井戸』や、シングの『海に行く騎者』が入っており、また、イェーツ、シング、ダンセイニの作品の松村みね子訳だけで一巻全部が構成されていた第一書房版『近代劇全集』の『愛蘭土篇』が、当時五十円位で古本屋にいくらでも転がっていたのです。英文学者市川勇氏は、松村みね子の翻訳の仕事のことを、「アングロ・アイリッシュの言語を細流のように美しく、さりとてその背景の海や土の臭いを失わせずして、日本語に置きかえた」と、その著者『アイルランドの文学』（成美堂刊）のなかで評価していますが、松村みね子のかけがえのない素晴らしい仕事の集積がなかったとしたら、私はアイルランド文学に熱中――それもおぼれるように熱中することはなかったでしょう。

そして、「松村みね子」がじつは片山廣子のペンネームであることを知ったのは、第一書房から出版されていた、松村訳のスコティシュ・ケルトの作家フィオナ・マクラオドの短編集『かなしき女王』を読んだ時でした。その本の第一ページには「訳者松村みね子」とあるのに、奥付では「訳者片山廣子」となっているのです。「片山廣子」という名前には記憶がありました。「彼は彼と才力の上にも格闘出来る女に遭遇した。が、『越し人』等の抒情詩を作り、僅かにこの危機を脱出した。それは何か木の幹に凍つた、かがやかしい雪を落とすやうに切ない心もちのするものだつた。／風に舞ひたるすげ笠の／何かは道に落ちざらん／我が名はいかで惜しむべき／惜しむは君が名のみとよ」——と、自殺後に発表された芥川龍之介の遺書的作品『或阿呆の一生』の中で語られている女性が、片山廣子であることは知っていました。堀辰雄の『聖家族』の「細木夫人」のモデルが片山廣子であることも。

考えてみれば、芥川から「シバの女王」と呼ばれていた松村みね子は、芥川が自殺した時から、アイルランド文学の翻訳の仕事を止めています。彼女は戦争中、「あまざかるアイルランドの詩人らを　はらからと思ひしわが夢は消えぬ」と歌いましたが、しかし空襲をさけて地中に埋めていたのは、クレゴリイ夫人の伝説集をはじめとするアイルランド文学の書物でした。そして、死の床での枕頭の書も、アイルランド文学のものだったのです。

花森安治氏のじつに美しい装本でつくられたこの片山廣子の随筆集『燈火節』は、一九五五年に第三回エッセイスト賞を受賞しましたが、しかし、この歌人で、アイルランド文学紹介の先駆者が残した最後の書は、全く忘却されてしまっています。いまアイルランド文化が人びとの注意を集めているというのに、大変残念というほかはありません。端正で気品にあふれ、そして自在な文章による、いわば英国的エッセイ——つまり、お互い人間であることを楽しもうとするエッセイが集められているこの本が、どこかの文庫にでも入ればいいのですが……。

「あたかも神技のように…」

花崎采琰訳

『中国の女詩人』

西田書店
一九八五年刊

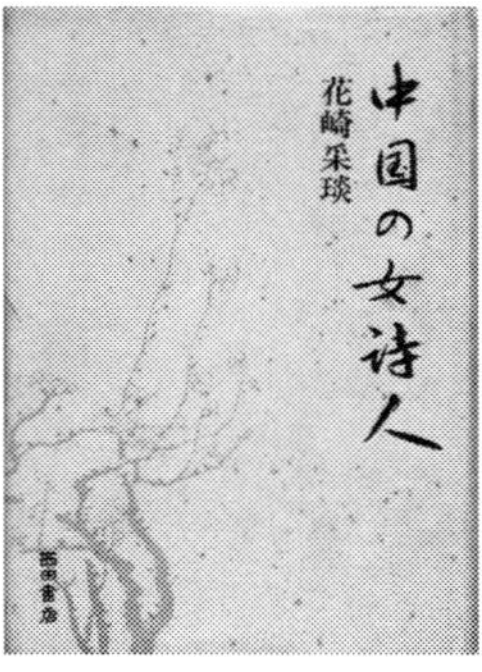

私は、漢詩の世界にそれほど明るくはありません。しかしそれでも、記憶に刻んでいる何十編かの作品がないわけではありません。たとえば、昔、中国人の友人が原語で朗読してくれた陸游《りくゆう》の『釵頭鳳《さいとうしょう》』のリフレインなどは、十数年経たいまでも、鮮やかに耳に残っています。それは、別れた妻に偶然再会した陸游が、万感の思いをこめて壁に書きつけたといわれる詩でした。

「……一懐《いっかい》の愁緒《しゅうしょ》／幾年《いくとせ》の離索《りさく》ぞ／錯《あや》まてり　錯《あや》まてり　錯《あや》まてり」（「胸にこみあげてくる悲しみ、幾年あなたと離れていたのか。全ては私の誤りだった　誤りだった　誤りだった」）というその詩のリフレインの部分は、原文では「錯錯錯」の三文字で、その「錯」は、ツォ（cuò）と読むのです。――そして、そのたたきつけるようなリフレインは、それこそ胸の裂けるような痛切な思いをひびかせて、とても印象的でした。

たぶん、当時はかなり高価で珍本だった井伏鱒二の『厄除け詩集』を私が買い求めたりしたのも、中国人の友人の薫陶のせいで、日本の〈訓読〉式方法による、骨ばった漢詩訳に疑問をもつようになっていたためかもしれません。その『厄除け詩集』との出会いは、とても楽しい事件でした。いまではもう知らない人はいない位の詩句ですが、「花発《はなひら》いて風雨《ふうう》多《おお》し／人生《じんせい》別離《べつり》足《た》る」を、「ハナニアラシノタトヘモアルゾ／『サヨナラ』ダケガ人生ダ」と訳しているのには、私はすっかり魅了されつくしてしまいました。その井伏の訳詩集には、いわゆる読み下しからは感じられない香気といったものがあふれていたのです。一言でいえば、それは文学になっているのです。

そして、上代の周代より清朝末期までの三千年に及ぶ中国の歴史のなかから、一七四人の女性の詩人の詩を集大成したアンソロジーである本書『中国の女詩人』と出会うことができたのは、

『厄除け詩集』の時よりも、さらにうれしい事件でした。無慮A5判四五〇ページ。五十年の歳月をかけて、訳者花崎采琰《さいえん》さんが八十歳で完成したこの大著は、まことに美しい偉業というほかはありません。この生涯をかけたというにふさわしい仕事が私家版で出版され、ほとんど埋もれたままになっているのは、日本の出版界の苦況と同時に、その怠慢さを物語っているように私には思われます。

花開《はなひら》くも同《とも》に賞《しょう》せず
花落《はなお》つるも同《とも》に悲《かな》しまず
相思《そうし》を問《と》わんと欲《ほっ》するの処《ところ》
花開《はなひら》き花落《はなお》つるの時《とき》

草《くさ》を攬《と》りて同心《どうしん》を結《むす》び
将《まさ》に以《もっ》て知音《ちいん》に遺《おく》らんとす
春愁《しゅんしゅう》正《まさ》に断絶《だんぜつ》せるに
春鳥《しゅんちょう》また哀吟《あいぎん》す

と始まる唐代の詩人薛濤《せつとう》の『春望詞《しゅんぼうし》』という詩がありますが、釆琰さんはこれをつぎのように訳されています。

はながさけど　ともに　めでられない
はながちれど　ともに　かなしめない
こいのこゝろ　あなたに　おたずねしたい
はなさき　はなちる　ときは　いかがかと

くさぬいて　こいむすび　して
なつかしいともに　おくろうとすれば
こいのさびしさは　わすれた　はずなのに
はるとりが　おもいだして　あわれになくよ

全文引用する余裕がないのがまことに残念ですが、なんというやさしい情感にあふれていることでしょう。戦前に名著『宋代の詞』(弘文堂・一九四〇年刊)を書いた中国文学研究者中田勇次郎氏は花崎さんの訳業について、本書への「序」において「あたかも神技のように完成されている」と評されています。この言葉は褒め過ぎではありません。全くその通りだと私も思います。佐藤春夫や会津八一、土岐善麿の訳業と比較して、私はそう言っているのです。

地域・歴史・女たち…

多摩の女を綴る会著
『多摩のおんな——手づくりの現代史』
三省堂
一九七三年刊

現在（一九九六年）進行中の「首都圏中央連絡自動車道」（圏央道）計画は、ついに、東京近郊にありながら、豊かな自然を保ち続けてきた高尾山に直径十メートルのトンネルを二本あけ、北麓にジャンクション、南麓にはインターチェンジをつくることになりました。しかし、この辺りの谷間の複雑地形は自動車の排気ガスを拡散させないので、植物・動物・昆虫などへの破壊作

用は想像を絶するものがあるだろうと言われています。

高尾山は、日本列島の植生を南北に分ける線上に位置する山の一つとして貴重なところですが、イギリス全土の植物種にせまる一三〇〇種の植物が生息しており、また、鳥類は一三七種、昆虫種は五〇〇〇種におよびます。そして、このような豊かな自然を育てることができたのは、一二〇〇年もの長い間、高尾山が信仰の場として歴史的に大事に保護されてきたからでした。しかし東京の巨大乱開発の波は、アンタッチャブルだった高尾山をも呑みこもうとしているのです。

いまから二十六年前、つまり、多摩の緑や丘陵を消滅させはじめた都市計画事業がすすんでいた頃、ブルドーザーによる自然や史蹟の滅茶滅茶な破壊への市民的たたかいから自分の考古学を形成していった、現在八王子城跡研究会の活動をおこなっている椚《くぬぎ》国男さんは、そのドキュメント『緑がなくなるとき』（都立八王子図書館刊）のなかで、つぎのように記しました。

「首都圏東京の『緑地圏』多摩地方の野放し開発が、はたしてこのまま進んでよいものだろうか。関東山地の下までべったり都市化して文明砂漠と化し、そのなかをよごれきった多摩川が力なく流れているさまを想像すると、身を切られるようなおもいである」と。

そして、椚さんたちは自然環境だけではなく、いわば生活・歴史・文化・記憶をもふくむ地域性そのものの剝奪・破壊にほかならない乱開発に抗して、一九六八年に「多摩市研究会」をつくり、市民の歴史学・地域的主体をひらいていくための地域史の活動を展開します。その活動の一つのすばらしい成果が、『多摩の五千年――市民の歴史発掘』（色川大吉編　多摩史研究会著・平凡社・一九七〇年刊）でした。

多摩地方に住む小・中・高・大学の現場教師八名が共働して書いた、この原始から現代までの多摩の歴史の本は、新しい地域史の出発を告げるものとして大きな反響をよびました。「帰化人」といった表現が使われている問題点はあるものの、その共同研究は、それまでの学問的歴史学の限界をこえて、自立・自治の市民の歴史意識の確立を訴えていこうとしており、そしてまた、多摩地方の民権運動の歴史を掘り起こす作業とも連動していたので、「多摩ルネサンス」という言葉を生んだほど、七〇年代から八〇年代にかけて、市民の学習意欲を刺激したのでした。また、この本の反響は、その後の『多摩の百年』（上・下、朝日新聞社・一九七六年刊）をはじめとする、多くの多摩の歴史の本を生みました。最近けやき出版から刊行された好著、江井秀雄さんの『多摩近現代の軌跡――地域史研究の実践』（一九九五年刊）も、「多摩史研究会」が切り拓いた水脈がなければ誕生しなかった一冊だと思います。

今回紹介する、「多摩の女を綴る会」が共同制作した『多摩のおんな――手づくりの現代史』もまた、その「多摩ルネサンス」の渦動のなかから生まれた、じつに貴重な成果だと言えるでしょう。青梅市に住む主婦十一人が、明治から三代にわたる無名の女たちの生を心血をそそいで記録したこの本は、今日では歴史学のなかにすっかり定着したオーラル・ヒストリーの手法の先駆的な結晶でした。そして、その手法によって、日常的な、目立たない地域の女たちの生を見事に記録したのです。

*

「手づくりの現代史」という副題がついたこの本『多摩のおんな』は、巻頭に「問題提起的おぼえがき」という、「多摩小史」の章がおかれています。人が多摩地方に定住するようになった縄文・弥生時代の遺跡の話から始まり、朝鮮半島からの渡来人集団の開拓によって農耕が飛躍的発展をとげた七世紀末から、江戸時代以来の景観が破壊されていく高度成長期の一九七〇年までの地域の通史が、いわば序曲的に語られます。そして、青梅という地名と深いかかわりのある将門伝説、また、青梅市名産の梅のことや、梅干のつけ方などのエピソードまでが間奏曲のように入って、それから本編が展開されるという構成になっているのです。

本編は、かつての山村であった青梅の暮らしの民俗と、村落の崩壊＝過疎に直面している現在を背景に描きつつ、地域世界の女性であることによってひきうけなければならなかった様ざまな局面に、光をあてています。水汲みのこと、着物のこと、性のこと、また、青梅の伝統産業であった織物の工場で紡績女工として働いた女性の労働と職業のこと、さらに戦争体験、最後には交通事故で息子が障害者となった母親のこと——歴史の移り変わりのなかで、山村の女性たちがいかに生きなければならなかったかを、その哀歓を通して鮮やかに浮き彫りにしています。

おそらく「青梅女性史」としては唯一のものであるこの労作は、それまで文章を書いたことがない、三十五歳から六十二歳までの青梅在住の主婦たちのグループによって書かれました。彼女たちは、多摩国立公園の入り口に存在し、「多摩の小京都」「緑と水のふるさと」といわれた青梅市が、車公害と宅地造成の開発の波にさらわれ、人びとの連帯が失われ、これまでの生活が根底から激変していくことへの危機感から、地域の歴史を学習しようとしたのでした。自分たちの生の状況をみつめ直し、「人間らしく」生きるとは、どういうことなのかを問うために、つまり、「意識化」の作業として生きた歴史を記録したのです。

現在でこそ聞き書きを軸としたオーラル・ヒストリーの手法は歴史学で承知されていますが、当時は全く市民権を与えられていませんでした。しかし彼女たちは、当時の旧式の重いテープレコーダーをかついで、山の中・町の中を歩き廻って、九十歳を越す高齢者などから口述史料《オーラル》を集めていったのでした。そして、それを、新聞折り込み広告、デパートの包装紙のうらに鉛筆で書きつけ、その草稿をもちより、朗読し、そしてみんなで相互批判をくりかえしてから原稿用紙に書いて、文章を完成させていったのです。

この本の不充分なところ、未熟なところはいくらでも指摘することができるでしょう。しかしこの労作には、市民による、市民のための、市民の歴史学の原形質のようなものが輝いています。「圏央道」計画によって、多摩の自然や歴史の地域性が決定的に破壊されようとしている今日こそ、この「多摩の女を綴る会」の経験が思い返される必要があるのではないでしょうか。「めいめいが自分の歴史をかくひとであれ。そうすればそのひとはより用心深く、またより強い要求で生きることであろう」と、ドイツの劇作家ブレヒトはいいました。たとえば、旧定住者と新定住者が共働して、それこそ多摩の「手づくりの現代史」が書かれればすばらしいと私は思います。その作業自体が、これから必要な地域性をひらいていく基礎となるにちがいありません。

現代では自治的地域性はたえず剝奪され、破壊されようとしています。今日地域性は、歴史を学ぶなかで再生され、創造され、闘いとられなければならないのです。未来に向かって地域に根づくこと——それは、自分が自分の歴史家になることによって、初めて可能になるのです。

〈良心〉のたたかいの記録

伊藤ルイ著
『海の歌う日　大杉栄・伊藤野枝へ——ルイズより』
講談社
一九八五年刊

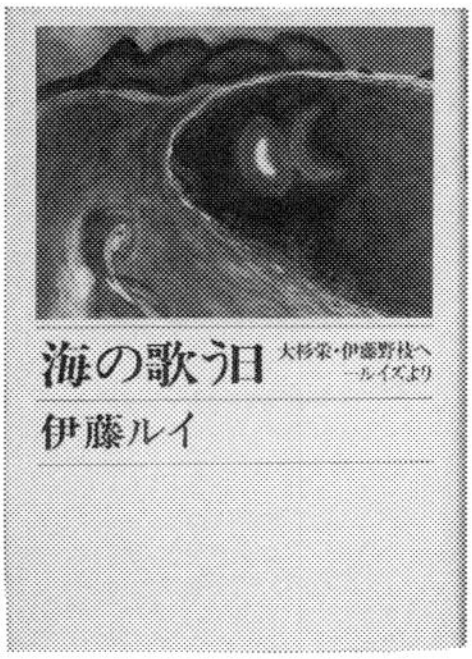

六月二十八日（一九九六年）、伊藤ルイさんが他界されました。その訃報を知って、この日本の社会がますます人間的に貧しくなった、という思いを、私は禁じえませんでした。

おそらく生活クラブの組合員の皆さんは、私のそういう感慨に同意して下さることだろうと思います。伊藤ルイさんという存在をはじめて世に知らしめた松下竜一さんの著書『ルイズ——父に貰いし名は』（講談社・一九八二年刊）、また、伊藤ルイさん自身の著書『虹を翔ける――草の根を紡ぐ旅』（八月書館・一九九一年刊）、『必然の出会い――時代、ひとをみつめて』（影書房・一九九一年刊）の二冊が本紙で紹介され、さらに『生活と自治』では一九九二年十月から一年間、『お話の壺』というエッセイが連載されたりしていたので、ルイさんのお名前は親しいものになっているはずです。

悲しいことに、死んだ人はけっして帰ってくることはできません。しかし生者は、死者と一緒に生きることができます。以前この連載のなかで、上原専祿さんの不朽の名著『死者・生者――日蓮認識への発想と視点』にふれさせて頂いたことがありますが、その本の中で上原さんは、生きている者が、死者と「共存・共生・共闘」することの意味をくりかえしのべられています。

私は、亡くなられた伊藤ルイさんをしのんで、ルイさんの先の二冊の本と、そしていちばん最初の著書である『海の歌う日　大杉栄・伊藤野枝へ――ルイズより』を再読して、上原さんがいわれた「死者との共存・共生・共闘」、そして「死者との共同作業」ということの意義をあらためて深く痛感しないわけにはいきませんでした。

伊藤ルイさんは、その生涯で三回名前が変わっています。生まれた時にアナーキストの父大杉栄が、パリ・コミューンの女性革命家ルイズ・ミッシェルにちなんでつけたという最初の名前ルイズ。それから大杉栄と母伊藤野枝が虐殺された後、養育した祖父に変えられ、その名で育った留意子という名前。最後のルイは、一九五三年、戦後の再出発を期して自分でつけたものでした。『海の歌う日』は、離婚もして伊藤ルイさんとなるまでを振り返りながら、親とか子とかの実感のもてなかった大杉であり野枝であるのに、禁忌としてルイさんの内からも外からも閉じこめてきた父や母の存在を客観化し、「個」として自立することによって逆に、死者大杉栄・伊藤野枝との「共存・共生・共闘」「共同作業」を実現していく感動的な人生の再出発の足取りを、胸にしみこむような穏やかな、しかし、なにものもゆずらない芯の強さで語っています。

私は『海の歌う日』をはじめとするルイさんの書いた三冊の本を一気に通読して、Conscienceという一語を思い浮かべないわけにはいきませんでした。この「意識」と同義である「良心」という語は、本来「コン・スキエンティア」で「全体的に知ること」を意味しています。つまり、自分を良心的に追求するとは、かならず自己ならぬものとのかかわりを知ることなのです。公民館での「くらしの学級」という「婦人学級」での学習からはじまって、韓国人被爆者支援活動、核廃棄物投棄反対運動、「聖戦の碑」撤去運動等の反軍・反戦・反差別のための伊藤ルイさんの闘いの活動は、まさに本来的な意味での「良心」の活動そのものにほかなりません。このルイさんのはじめての本には、「良心」のめざめと他者を求めて自分を開いていく一歩一歩が、じつにみごとに記録されています。

ルイさんのような人間的深みをもった女性は、もう二度と現われないような気がします。しかし私たちは、ルイさんの本を読むことによって、ルイさんと共生し、共闘することができるのです。

〈最初の衝撃〉・石牟礼道子

石牟礼道子著
『苦海浄土――わが水俣病』

講談社
一九六九年刊

まもなく『水俣・東京展』がはじまろうとしています。ことし（一九九六年）五月、未救済の患者にも一律二六〇万円の「見舞金」を支給する政府の方針がだされ、全国のほとんどの患者団体はこれをのんで、訴訟をとりさげ、水俣病事件は決着したとされています。しかし、この「決着」は、和解といえるようなものではないのです。第一次不知火海総合学術調査団長であり、

上・下二巻一千ページにおよぶ、まさに労作である調査報告『水俣の啓示』（筑摩書房・一九八三年刊）の編者色川大吉さんが指摘しているように、「死」の瀬戸際まで追いつめられ、押し切られた「無念の決着」にほかなりません。

『水俣・東京展』では、〈記憶と祈り〉という、水俣病患者五百数十名の遺影と二百数十名の死を看取った風景の写真パネルがおかれるそうですが、その展示は、死者たちの鎮魂という以上に、いま死者たちが私たちに語りかけてくるものを聴きとろうとする行為のように思えます。つまり、この『水俣・東京展』は、水俣病事件の終結を告知するためではなく、新しい始まりをつくりだそうとしているのではないでしょうか。

人類がはじめて経験した広範囲の環境汚染によるメチル水銀中毒事件である水俣病は、多くの死者と、惨苦あるいは酷苦としかいいようのない、二重三重の苦しみを生きなければならない被害者を出しました。ことしは、その水俣病の発生が公式に確認されてからちょうど四十年めの年に当たります。第二次不知火海総合学術調査団長の最首悟さんは、「ＭＩＮＡＭＡＴＡは、私たちの日常生活そのものに対する問いかけであり、科学技術工業文明の真っ只中にあり、あるいはこれから迎えようとする諸国の人々全てが免れ得ない問いとして提出されているのである」（『明日もまた今日のごとく』どうぶつ社・一九八八年刊）とのべていますが、四十年という節目をむかえて、私たちはあらためて水俣病事件がなんであったかを、問いかけなおすことがぜひとも必要だと思われます。このたびの『水俣・東京展』は、そのためのこの上ない機会となるのではないでしょうか。ご家族や、友人同士で参加されることを、心からおすすめします。

そして、『水俣・東京展』への参加と同様に、石牟礼道子さんの書かれた記念碑的作品『苦海浄土——わが水俣病』をお読みになることも、この機会にぜひともおすすめしておきたいと思います。——読まれている方は再読を、そして読まれていない方は、かならず手にとってみて下さい。

当時、たぶん多くの方にとってもそうだったでしょうが、私に水俣病への注視をうながしたのは、一九六九年一月に単行本で出版された『苦海浄土——わが水俣病』でした。私はいまでも、桑原史成さんが撮影した、一見したら絶対忘れることが不可能な、水俣病のために変形し、機能を失ってねじまがった手の、その本の巻頭に収められた写真による、言い知れぬ衝撃をありありと覚えています。そして、さらにそれ以上に深い感銘を与えられたのが、石牟礼道子さんの文章でした。それは、まさしく血管の中の事件といえるほどのものでした。

『苦海浄土』は私にとってだけではなく、世の中の人びとにとっても、水俣病についてのいわゆる〈最初の衝撃〉の役割を果したと思います。もし、『苦海浄土』の誕生がなければ、社会の水俣病への認識は、ずいぶんおくれてしまったにちがいありません。

聞き書きというスタイルをつかいながら、事柄と人間の内的リアリティを捉えていく石牟礼さんの文体は、事件や人間たちをネタ風に消費する文体とはちがって、いのちの深みから存在そのものを抱きすくめていく繊細なやさしさにみちていて、その多声的な文体は、それまでの文学にも、ジャーナリズムにも見られない、独自の創造性にみちあふれたものでした。

＊

本連載では、私は基本的な方針として、古典的な本や有名な本、また、よく読まれていると思われる本は意識的に避けてきました。できるだけ埋もれていたり、忘れられていたり、片隅に追いやられていて、しかし、意味があるだろう本だけを撰んできました。

これまで石牟礼さんの『苦海浄土――わが水俣病』をとりあげなかったのも、あらためて本欄で紹介するまでもなく、当然それが多くの人に読まれ続けているだろうと、私が信じこんでいたからでした。しかし、今回の『水俣・東京展』に際して、ふと気になって調べてみたところ、まさに現代の古典というべき、偉大な語り部石牟礼道子の誕生の第一歩である記念碑的作品『苦海浄土――わが水俣病』が、実は若い世代をはじめとして、意外と読まれていなく、そしてまた、本自体も品切れ状態で、ほとんど新刊本屋さんの店頭に置かれていないことを知って、心底、驚愕しないわけにはいきませんでした。

どんなに出版が不況であろうとも、絶対に品切れにしてはならない書物というものがある筈です。石牟礼さんの『苦海浄土』は、そういう数少ない、貴重な一冊ではないでしょうか。本そのものがなければ売れないのは当然だし、読まれないのは当り前でしょう。私は、銭カネの論理で〝焚書〟することも、大きな犯罪だと思います。『苦海浄土』のようなかけがえのない大切な多くの人に読んでほしい本を、読者が入手できないような状態のままにしておくのは、それこそ出版文化の自殺行為というものではないでしょうか。

出版社の責務は大きいのです。この本の一部がはじめて世に問われたのは、石牟礼さんが参加していた九州での文化運動雑誌『サークル村』(一九六〇年一月号)の誌上においてでしたが、『苦海浄土』という題名を名付けたのは、『サークル村』の仲間である作家の故上野英信さんでした。そして、この著作の出版のために奔走したのも、石牟礼さんの心友ともいうべき上野さんです。はじめ三一書房に持ちこんで断わられ、つぎに岩波書店でも断わられて、ようやく講談社で、それも題名を見て営業の人がゴーサインを出したのでした(上野英信著『火を掘る日日』大和書房)。この講談社の営業の人の決断がなければ、名著『苦海浄土』の刊行は遅くなり、そのことがまた、社会の水俣病への認識を決定的におくらせてしまったに違いありません。

くりかえして言わなければなりませんが、『苦海浄土』の何よりもの意味は、表層的な「告発」の次元をこえて、人間の精神の原形質の核を奥底からとらえていく言葉の運動性・リアリティをもっているということでしょう。一言でいって『苦海浄土』には、安易な言葉の使用が一つもないのです。そこがすごいのです。

石牟礼さんは、きっとよく聴く人なのでしょう。哲学者ニーチェは、「耳のうしろに耳をもっている人」を賞讃し、そのような耳を「愛の耳」と名づけました。石牟礼さんはなによりも、「愛の耳」の持ち主なのではないでしょうか。

このことは、『苦海浄土』が聞き書きのスタイルで書かれていることとはなんの関係もありません。石牟礼さんは、かつて「私の中の故郷は、あしのうら一枚きりの中にあるのです」（『潮の日録』葦書房・一九七四年刊）と書きましたが、「あしのうら一枚きり」の「故郷」を生きる人間だけがもつ「愛の耳」が、それこそ森羅万象――人間・社会・自然の苦悩を深く聞くことができたからこそ、日本の近代を根底から批評していく、『苦海浄土』を最初の衝撃とする瞠目すべき作業を展開できたのではないでしょうか。そしていま、私たちは石牟礼さんの言葉を聴く、「耳のうしろの耳」をもたなければならないのです。

『苦海浄土』は英訳と独訳が出され、これから仏訳がだされるそうですが、それは、まさしく人類二〇世紀の古典となるにちがいありません。

「生きながらの死」・女性彫刻家の悲劇

『カミーユ・クローデル』

レーヌ＝マリー・パリス著　なだいなだ・宮崎康子訳

みすず書房
一九八九年刊

私が昔からそのエッセイを愛読してきた心理療法家の霜山徳爾さんは、その著書『素足の心理療法』（みすず書房刊）のなかで、「狂気」の詩人とされてきたヘルダーリンの病跡をたどりながら、「緊張型分裂病」というこれまでの支配的な診断に強い疑問を投げかけています。そして、敏感で傷つきやすく、誇り高いギリシャ精神のもち主であるヘルダーリンを打ち砕き、内閉的な

〈変わりものの隠者〉にしてしまった根本原因の一つは、阿片の投与のもと、七ヵ月もの精神科入院のためだったのではないのか、と推測しています。つまり、その入院は治療ではなく、むしろ病ませることになったというわけです。

そして同時に霜山さんは、死の床に就くまでの実に三十年間を、分裂病による精神異常者として精神病院に閉じこめられていた、女性彫刻家カミーユ・クローデルの退院哀願の数多い書簡にふれながら、ヘルダーリンと同様、その入院生活が、いかに彼女の心を傷つけてしまったのかを指摘されています（たとえ分裂病だとしても完全に「寛解」、――つまり、病気そのものは治癒していないが、症状は永続的に消失しているというのが、霜山さんの見方です）。

私は、カミーユ・クローデルの弟で、高名な詩人・劇作家、駐日大使でもあったポール・クローデルの孫娘レーヌ＝マリー・パリスの『カミーユ・クローデル』をはじめて眼にした時、いみじくもパリスが「生きながらの死」と名づけた、精神病院に閉じこめられたまま年老いた七十歳のカミーユ・クローデルの傷ましい姿の写真に、胸えぐられる思いを禁じえませんでした。それは、私の近親のなかに、カミーユ同様に精神病院で死を迎えた者がいたという、じつにつらい体験があることにもよりますが、――「大きな素晴しい目の上には高貴な美しい顔がある。勇気と、率直さと、優越感と、快活さにあふれた印象的な風貌……」と、かつて弟ポールが称えた女性が、これほどまでに悲しみと孤独につつまれているその変わり果てた落差に驚いたのです。たしかにそこには、神に見棄てられてしまったとでもいうべきような一人の老女が写し出されていました。

だが彼女は、神に見棄てられたのではありません。ほかならぬ人間と社会によって、生きながら埋められたのです。パリスによるこの本は、カミーユが生きなければならなかった悲劇を、的確な足どりで一つ一つ光をあて、その全体像を浮かびあがらせているすぐれた著作ですが、なかでとりわけ印象づけられたのは、「精神病関係資料」にみられる当時の精神科医のおそるべき冷たさです。そこには、カミーユと人間的交流をもとうとする治療者は一人もいないのです。資料を読むかぎり、霜山さんも言うように、私にはどうしても、三十年も精神病院にカミーユを閉じこめておかなければならないとはとても思えませんでした。

日本でもこの九年の間に二回のカミーユの展覧会が開かれてとても話題になりましたが、師であり愛人であった彫刻家ロダンから畏怖されるほどの、あふれるような才能をもったカミーユは、自立した女性芸術家への警戒と憎悪から、激しい重圧にさらされました。彼女の「発病」は、まさに社会と人びとへの抗議そのものにほかならなかったのです。精神医学のD・クーパーは、その『反精神医学』(岩崎学術出版社刊)で、〝正気〟の人びとが、自分たちのある者を〝キチガイ〟

として病院に入れ、独自性をもった人間としての存在性を奪いとり、自分たちの安全で居心地のよい集団恒常性を維持するのだと書いていますが、カミーユは、まさにそういう無惨な暴力にからめとられたのでした。本書は、時代の悲劇を一身に背負わされた女性の生の記録・資料として、私は比類のないものだと思います。

詩と自由と、そして愛と…

『恋する空中ブランコ乗り——私は翔んだ、空を、詩を。シュールレアリストたちに愛されたある女性の回想』

ディアーヌ・ドゥリアーズ著　平井啓之・梅比良眞史訳

筑摩書房
一九九一年刊

十代末の女優ピア・アンジェリが空中ブランコ乗りに扮していた映画『四つの恋の物語』を中学生の時に観て以来、私にとって永遠のミューズとは、サーカスの女性空中ブランコ乗りでした。

のちに、

技巧の限り尽くして彫り上げられたかのようないとしい姿よ。

……

可愛らしい奇跡のベッティーナよ
私はお前に心奪われ
ただ驚嘆するのだ　自然のすべてであって　その上天使でもあるお前を。

という、ゲーテがイタリアの旅曲芸師の若い娘に捧げた詩をはじめて眼にした時、私は、ありありと、サーカスの芸人に扮したピア・アンジェリのことを思い浮かべたほどです。そう、その映画におけるピア・アンジェリは、ゲーテの詩句そのままに、「自然のすべて」のように、そして、まさしく「天使」のように美しかったのです。

そんな私にとって、空中ブランコ乗りの女性ディアーヌ・ドゥリアーズが書いた回想記、本書『恋する空中ブランコ乗り』に出会えたのは大きな喜びでした。それに私は、この翻訳が出版される前からディアーヌの名前は記憶しており、じつはすくなからぬ関心を抱いていたのです。本訳書が出版される一年程前に同じ筑摩書房から刊行されている、『私の中のシャルトル』のなかの「詩人が言葉をうしなうとき」というエッセイで、仏文学者の二宮正之さんが、彼女についてつぎのように書き記していたのです。「ディアーヌは詩人ポール・エリュアールと親交のあった人で生活自体を芸術作品に仕立てているような才色兼備の女性だが、それに加えてかつては空中ブランコの名手でサーカスの花だった人だ……」

二〇世紀フランスを代表する詩人の一人であるエリュアールも、かつて私がとても愛読してきた詩人だっただけに、そのこともあってディアーヌの名前は、くっきりと私の脳裡に刻みこまれていたのでした。

広告をみて即座に買い求め、そして息もつかせず読み了えたこの回想記からは、なによりも詩と自由を愛し、そして様ざまな愛を生き、人生をいっぱいに生きようとした、眼を奪うほどに鮮烈で、魅力的な女性の姿が圧倒的なまでに浮かび上がってきます。まさに、二宮さんのいうような「生活自体を芸術作品に仕立てている」生き方が……。

一言でいって、それは、十代の時に「誰の世話にもならない」ことを自分の原則として誓った誓いを、生涯貫きとおした人生だったのです。頭が良く、大女優のイングリット・バーグマンと瓜二つの美貌のもち主である彼女は、日本人が知っているだろう名前をあげれば、エリュアール、森有正をはじめとするじつにたくさんの男性から求婚されます。しかし彼女は恋愛はしても、結婚や同棲はしません。自分が自分であることをまもるために、だれにも経済的に依存しないのです。

彼女があくまで独立した自由な存在であろうとするために、やらなければならなかったことの数々には全く驚かされます。新聞社の秘書、女優、空中ブランコ乗り、女子プロレスラー、レヴュー・ダンサー、エールフランスのスチュワーデス、大学教授の秘書、画廊勤務、医学助手、レストランのコック、百科辞典のセールスや、さらにホームレスなど、信じられないような経歴を生きました。――それにこの本は、こうした特異な女性の人生記録であると同時にまた、戦後パリの芸術家たちの群像と生きざまを描いた興味つきない証言になっているのです。

彼女は、シュールレアリスト・ブルトンの「すべてを解き放て。出発だ」という言葉が好きでした。本書は、まさにその言葉どおりに生きた女性の、じつに印象的でみごとな自伝なのです。

地域女性ジャーナリストのみごとな作業

『命の山・高尾山』

酒井喜久子著

朝日ソノラマ
一九九四年刊

　東京で小学校・中学校時代を過した人なら、かならず一度は、八王子市の西郊にある高尾山に、遠足で行った記憶がある筈です。新宿から一時間たらず、標高も六〇〇メートルあるかなしかの小さな山ながら、しかし個性豊かな自然に恵まれ、また、歴史的・宗教的にも由緒ある高尾山は、古くから東京都民になじみの深い山でした。いまでも、年間二百万から三百万もの人びとが高尾

山に足を運ぶそうです。

ついこの間、私も行ってきました。休日で、それに輝くような秋晴れだったためか、ビックリ仰天するほどの人の行列が押しよせ、山頂にいたっては、都心の繁華街も顔まけという感じの賑いぶりでした。しかしそれでも、空気はキレイに澄んでいて、そのためか、お昼のおにぎりをとても美味しく頂くことができました。ほぼ半世紀ぶりの高尾山でしたけれど、都心からさほど遠くないところに、こんなに心地のよい山があることに、私はあらためて感動しました。

それだけに私は、「京都・龍安寺の石庭の真ん中にアスファルト歩道を造るようなもの」と評されている、圏央道（首都圏中央連絡道路）計画に基く、高尾山トンネル掘削計画にはげしい怒りを禁じえませんでした。高尾山の自然を決定的に破壊するだろう、と予測されているこの乱開発のことは、新聞やテレビなどマス・コミが一向に報道しないためか、高尾山そのものには圧倒的な人びとが足を運んでいるにもかかわらず、都民全体の積極的な関心を集めてはいないようです。

私は、都民の人びとに、高尾山に登ると同時に、酒井喜久子さんの労作である本書『命の山・高尾山』を、ぜひとも読んでほしいと希わずにはいられません。本紙前号（一九九六年十二月号）の〈こどもに贈る本〉欄でも紹介されているように、酒井さんは、多摩の地域新聞『アサヒタウンズ』（週刊）の記者です。酒井さんは、一九八五年に同紙での「高尾山」をテーマとする連載を担当して以来、高尾山の自然と人びとの暮しを、徹底的に取材しました。高尾山の四季のさまざまな自然の姿――草花・樹々・虫たち・蝶・鳥・山の風景・川などのすばらしいカラー写真も収めているこの美しい本は、じつに十年におよぶ酒井さんの労苦の結実なのです。

ちっぽけな山とはいえ、冷温帯と暖温帯の二つの森林相が変化する分岐点に位置した珍しい山である、高尾山の自然のかけがえのない個性と魅力を、酒井さんはあますところなく私たちに教えてくれます。例えば、山の北側にはブナやカエデなど落葉広葉樹、南側にはシイ、カシなどの常緑広葉樹の林が広がり、一三〇〇種類の植物、五〇〇〇種類の昆虫、一五〇種の野鳥、またムササビ、タヌキなども生息する自然の宝庫であることを語っています。酒井さんの記述は、自然認識の在り様を典型的に示しているみごとなお手本だといっても、すこしもいいすぎではないほど立派なものです。

そして、そのような深い自然認識・地域認識から、「生命の山」である高尾山の生態を破壊し、しかも住民に一言の相談もなしに進められようとした乱開発の無謀さと無意味さを、告発的な声高さとはちがった、情理をつくした文章で指摘しているのです。

私は、酒井さんという地域女性ジャーナリストだからこそ書けた、すぐれた、そして、美しいこの著作を、《本の花束》の共同購入にかけてほしいと思いました。だが、重版に応じられない版元の事情で断念することになりました。まことに残念でなりません。本紙の読者の皆さんが、この本の注文をなさって下さることを心から切望します。その数が多ければ、重版されるかもしれないのですから。すぐれたジャーナリストの炎を消さないことは、市民の責任として必要なことだと私は思うのですが。

母と娘たちの見事な物語

エィミ・タン著　小沢瑞穂訳

『ジョイ・ラック・クラブ』

角川書店
一九九〇年

とりわけ本紙《本の花束》の読者には、ぜひとも読んでほしいと思える、こうした稀有なすぐれた作品を紹介できるのは、本コラムの筆者としてとても大きなよろこびです。この――一九八九年にまさに突然彗星のように現われた、中国系アメリカ人二世の女性作家エィミ・タンの第一作『ジョイ・ラック・クラブ』は、二年もたたないうちに、一二七万五千部が売れるというアメ

リカで空前のベスト・セラーとなりました。

四〇年代の終わりにアメリカに移住した四人の中国人の女性と、その彼女たちを母として生まれた娘たちの、四組みの母娘が登場する物語であるこの小説が、かくも驚くべき数の読者を獲得することができたことには、一九八〇年代にアジア系アメリカ人の人口が、三五〇万人から六九〇万人へと飛躍的に増加したことが、一つの大きな社会的背景として指摘できるでしょう。しかしなによりも、アメリカ全土の多くの共感と支持を集めたのは、読者の胸に泌みこんでくるというか、あるいは刻みこんでくるというか、作者のじつに印象的な物語り方と文章の力のためだと私は思います。

その典型的なのが、この小説の最後の、死んだ母親が中国で日中戦争下の極限状況で手放さざるを得なかった双子の異父姉たちと、アメリカで生まれ育った娘が中国の空港ではじめて出会う場面です。——「目の前に、母が二人いて手を振っている。片手には、私が送ったポラロイド写真が握られている。ゲートから出たとたん双方が駆け寄り、ためらいも期待も吹き飛んで三人でただ抱き合う。／『ママ、ママ』三人で母がそこにいるかのように口々に呟《つぶや》く」。そして末尾の、ポラロイド・カメラで三人の姿が撮られるところは、つぎのように描かれます。「姉達と私は、黙って映像が浮かび上がるのを待つ。灰色がかったグリーンの表面が鮮やかな色に変わり、私達三人の姿がくっきりと浮かんでくる。口には出さなくても、みんな同じことを感じているのがわかる。三人揃《そろ》うと、母に似ている。母と同じ目。ついに母の長年の願いが叶ったことに驚いて軽く開かれた唇まで、母にそっくりだ」。作者エィミ・タンは、こういうムダがなくハリのある、秀逸で喚起的な文章で、母と娘たちの生の物語を紡ぎ出しています。

「ジョイ・ラック・クラブ」――つまり、「喜福クラブ」という題名は、母親たちの麻雀会の名前に由来しているのですが、この小説は、四人が麻雀の卓を囲んで順番に親になっていくように、八人の主人公が順番に各章を物語ります。まず四人の母親たちが、アメリカに渡る前の第二次世界大戦下の中国での苦難にみちた子ども時代、青春時代を語り、つぎに、四人の娘たちが、中国系アメリカ人として育てられていく自分たちの時代を語ります。つまり八人の主人公が二度ずつひとつの章を物語って、その十六の物語が、「ジョイ・ラック・クラブ」の内容なのです。

その卓抜無比な構成と語りによって、エィミ・タンは、現代の比類のない物語作家となっていきます。私たちは、このまれなる物語の力によって、生というもののもつ深い時間性とでもいうべきものに気づかされないわけにはいきません。このからまりあう母の物語たち、娘の物語たちの複旋律《ポリフォニー》によって、あらためて生きていることへの自覚を、私たちは新鮮な角度で手にすることができるにちがいありません。

この文庫版に、とてもすぐれた解説を書いている評論家の川本三郎さんは、この豊かでふくよかな小説――涙があり、ユーモアがあり、機知があるそのすばらしさは、それが、「女たちを主人公にした物語」だからなのだと指摘していますが、私も全く賛成です。これはうたがいもなく、主人公たちが女性であり、作者が女性だからこそ見事な物語となったのです。

意表をつく、大女優の魅力的な伝記

フランソワーズ・サガン著　吉田加南子訳

『サラ・ベルナール――運命を誘惑するひとみ』

河出書房新社
一九八九年刊

私は、一九五四年に十八歳で『悲しみよ　こんにちは』を発表し、天才少女作家として世界的名声をほしいままにして以来、多くの作品を書いてきたフランソワーズ・サガンの小説をいささかもきらうものではありませんが、しかしどちらかといえば、その小説たちよりも、むしろ彼女のエッセイの方を好みます。

たとえばエッセイ集『私の最高の思い出』（邦訳『私自身のための優しい回想』朝吹三吉訳・新潮社・一九八六年刊）などは、二〇世紀を代表する思想家の一人であるサルトルがサガンをさして語った、「頭のいい人は必ず親切なものだ」という面と、やはりサルトルが「お茶目なリリー」と名づけた面とが一つになってにじみでていて、とても面白いものです。天才的な女性ジャズ・シンガーのビリー・ホリデイ、劇作家テネシー・ウィリアムズ、俳優オーソン・ウェルズ、舞踊家ルドルフ・ヌレエフ、そして、晩年のサルトルの思い出が中心に構成されているその本は、文章がなかなか冴えているのです。このエッセイ集には、サガンの機知、ユーモア、怜悧さ、才気、鋭い観察力、やさしさ、謙虚さがみなぎっていて、それが読む者をひきつけてやみません。

そして、そういうサガンのもつ特質によって書かれた傑作が、『サラ・ベルナール——運命を誘惑するひとみ』です。本書は、フランスのある出版社が出している、女性作家が女性をとりあげて書く評伝の叢書——アルマ・マーラー、クララ・シューマンの伝記などの一冊目として刊行されました。

サラ・ベルナール（一八四四－一九二三）——この女性は、フランスの近代演劇史における最高の位置に立つ大女優です。彼女は、「神秘の窓」とうたわれた瞳とその「黄金の声」で、人びとを熱狂させました。その美しさは、あの『シラノ・ド・ベルジュラック』を書いた劇作家のエドモン・ロスタンが、「美を持たぬこの時代に、サラだけがわれらに残された美だ」と記したほどでした。また、一九二三年三月、当時留学生としてパリに留学していて、サラ・ベルナールの葬儀を目撃した劇作家の岩田豊雄は、その「盛観類を絶し」「未曾有の混乱を呈した」葬儀の光景に驚嘆しながら、サラについてつぎのように書いています。「彼女の芸風、容貌、性格、生活――あらゆる条件に於いて、まことに大女優ソノモノであつた。いや、サラの如きは、大女優というよりも、寧ろ、フランスの大人物、大名物、或いは怪物に近かつた。それほど彼女の名声は、劇団を超え、国境を越えてゐた」(『近代劇以後』)。

サガンは、プルースト、ワイルド、それに画家のミュシャなどあらゆる芸術家のことも魅了したサラの実像を、サラとの空想の往復書簡というまことに意表をつく形式で描き出します。質問し、一つ一つ問いつめ、そのやりとりからサラの真実に光をあてる仕方は、いかにもすぐれた作家の手法で、そのことで平板にならない伝記を実現したのです。

恋愛のこと、情事のことなど、サラの実像が興味深くあぶりだされていますが、残念ながら、ここではその面白さにふれる余裕はありません。その辺りのことは、実際に本を手にして味わってほしいと思います。

最後にこの本の末尾の、とても印象的だったサラの言葉を——つまり、それは同時にサガンのものでもある言葉を見て頂いて、この本の魅力を想像してもらうことにしましょう。

「人生は偉大で、自由で、おかしなものです。風が吹いて、涙が出て、口づけがあって、気狂い沙汰のお祭り騒ぎがあって、欲望があって、悔恨があって……。(中略)お笑いなさい。たくさん、たくさん、笑うのです。私たちに与えられているもののうちで何よりも得がたいもの、……それは笑いです。誰も奪うことのできない、決して砕けることない笑い……」。

女ひとり火床を行く

富山妙子著
『炭坑夫と私』

毎日新聞社
一九六〇年刊

最近読むことができたいろいろな本のなかで、中川雅子さんの『見知らぬわが町――１９９５・真夏の廃坑』（葦書房刊）ほど、私の胸を激しく打ち、感銘に残ったものはありません。内容も文章もとても良いものでしたが、著者の中川雅子さんが、現在まだ高校二年生で、十六歳の女の子であることにも大変驚き、そして感動しました。

『見知らぬわが町』は、雅子さんが高校一年生の時の、夏休みの宿題のレポートを本にしたものです。そのレポートは、雅子さんが生まれ住んでいる福岡県大牟田市の、大牟田川の川向うにそびえていた「異様な建物」「廃墟」への疑問・好奇心から、一夏汗まみれになって、地図を片手に自転車で駆けまわり、「廃墟」につらなるさまざまな跡地を探訪し、また、図書館でたくさんの資料を借りだしてきて、「廃墟」のナゾに光をあてていく記録です。

「廃墟」のナゾとは、大牟田市の闇の歴史です。雅子さんが不思議に思った「異様な建物」とは、三池炭鉱の旧排気竪坑でした。その建物のナゾを追い求めていくなかで、雅子さんは、一八七三年以来の三池炭鉱での囚人強制労働の歴史、そして、朝鮮人・中国人の強制労働の歴史の実態を発見していくのです。

「一九九五年の夏を私は一生忘れないだろう」と雅子さんは記しています。そして、「この町の歴史を多少なりとも知ったことで、自分の本当の居場所が見えてきたような気がしてきた。今までの自分は、まるで自分が迷子であることに気づいていない迷子のようなものだった、と思う」と書いています。またさらに、「私はもっともっと過去の事実を知りたい。そしてできるものならば、すべての囚人たちの骨を見つけて、墓標を建ててあげたい」とも。

炭鉱をめぐるすぐれた貴重な本を何冊も書かれている詩人の森崎和江さんが、この本のために寄せた序文で、「知性も、感性も、この無垢な、対象への接近によってこそ磨かれます。また、伝達力を生むのです。私たちの文化にとって大切なものが、ここにあります」と指摘されていますが、全くそのとおりだと私も思います。

私は生活クラブ生協の組合員の人びとが、ぜひ、このとても大事な女子高校生の努力の結晶を読んでほしいと希うと同時に、中学生や高校生のお子さんがいたら、ソッと手渡してくださったらと思います。きっとお子さんたちは、私たち以上に、この本の大事なものをキチンと受け取るに違いありません。この本は、十五歳で書いたからスゴイのではありません。もしかしたら、十五歳だったからこそ書けたのかもしれないのです。そして私はかつてこのコラムで、青梅の主婦グループが集団で制作した『多摩のおんな』(三省堂刊)を紹介した際、人間は自分自身についての本当の歴史家になろうとすることによって、はじめて本当の自分となることができるという意味のブレヒトの言葉を示しておきましたが、この本には、まぎれもなくブレヒト的精神がみごとなまでに息づいています。

ところで私は、コトバがまっすぐにこちらに届いてくるこの中川さんの本を読みおえたあとで、それまですっかり記憶から抜け落ちていた一冊の、とても貴重な本の存在を思い出しました。それは、私が大変敬愛している画家の富山妙子さんが、いまから三十七年前、ことし(一九九七年）ついにその一世紀以上に及ぶ歴史に幕を閉じた三池炭鉱での、三池闘争が終結させせられた一九六〇年に刊行した『炭坑夫と私』です。現在富山さんは、ドイツや韓国でも個展を開き、また、『美術史を解き放つ』（共著・時事通信社・一九九四年刊）などの著作活動をおこない、「従軍慰安婦」問題でも積極的な発言をされていますが、この本は、今日の富山さんの第一歩を物語っている記念碑的な一冊なのです。

＊

私は、戦後日本における本当に稀有で、比類のない創造者である富山妙子さんのことを考えるたびに、きまって、「道というものは、もともとあるものではない。それは、人びとが歩くことによってはじめてできるのだ」という、あの有名な魯迅の言葉を思い浮かべます。従来の美術史研究の歪みを、根底の次元から問い直す作業を展開しつつある芸術思想史研究の萩原弘子さんは、日本の植民地支配と侵略戦争の責任を問いかけた富山さんの貴重な画集『Silenced by History——富山妙子作品集』（現代企画室刊）によせた跋文のなかで、富山さんについて、彼女はいつも先頭に立っていて、前走者はいない、という意味の指摘をなさっていますが、まったくそのとおりだと私も思います。

中国語で自己変革のことを「翻身《ファンシェン》」といいます。植民地の少女として育ち、そして日本で、戦争・戦後の激動期のなかで、美術家としての自己の根拠を問い続けてきた富山さんは、一九五〇年、鉱山を、自分の美意識の変革の場にしようと決意します。それは、富山さんの「翻身《ファンシェン》」のための——模索とも、探求とも、そして彷徨《さすらい》ともいえる行為の発端でした。富山さんは、自分の半生の足どりを記録した著作『わたしの解放』（筑摩書房・一九七二年刊）に「辺境と底辺の旅」というサブタイトルをつけましたが、まさしくその後ながく続く富山さんの辺境と底辺の旅が、この時に始まったのでした。

富山さんは、日立市の山の奥の、延長距離で東京—岐阜間に等しい四〇〇キロといわれる坑道が幾重にも重なっている日立銅山を皮切りに、北海道、九州の炭鉱を約十年間何十箇所も歩いて、絵を描き続けたのです。驚くべき努力といわなければなりません。作家の武田泰淳さんが、かつて九州飯塚市の炭鉱の坑内を三時間にわたって見学したさい、地上に上ってから真っ青な顔をして、「見たんだよ、地獄を見たんだよ」とくりかえしつぶやいていたというエピソードが残されていますが、武田泰淳さんのように招待されてではなく、旅行費用を奔走してつくり出し、組合事務所や、炭鉱住宅に泊めてもらいながら、一年おきに北海道と九州のヤマを往復した富山さんの並ならぬ行動は、だれも真似できるものではありません。

十年におよぶ炭鉱とのふれあいを記録した、本書『炭坑夫と私』は、いまではその存在すら忘れられているといっていいでしょう。おそらく、古本屋でこの本を見かけることは、奇蹟にもちかいことです。しかし私は、富山さんの大事な十年という歳月が結晶したこの本が、完全な忘却のなかにおかれていることを大変残念に思います。——たしかに、その後炭鉱をめぐるすぐれたドキュメントは数多く出されています。しかし、これまた忘れてはならない、本橋成一さんの労作であるすぐれた写真集『炭鉱《ヤマ》』（第一版一九六八年、第二版一九九二年に現代書館より刊行）のための序文で、「必要な間は冷酷無残に搾りとり、ひとたび無用となれば、さらに冷酷無残に棄て去って顧みようともしない。……どのような痛ましい悲劇も、ここではもはやきわめて日常的なできごとにすぎない。恐るべき人間崩壊が、とどまるところを知らず進行している」と上野英信さんが書いた炭鉱の現実——そのさまざまな人間模様と半飢餓地帯の暗い生活ぶりを、富山さんは、女性でなければできないであろう聞き書きなどをとおして描き出し、また、三池闘争にみえた青年と女性たちの可能性や、労働運動の幹部たちの退廃に光をあてたのです。当時、炭鉱の現実を伝える本は、上野英信さんの一冊をのぞけば、この富山さんの本だけであり、いま読んでも胸に迫ってくるものがあります。

本書を出したあと、富山さんは炭鉱離職者たちの後を追って南米に旅立ちます。そう、道をつくるために……。

原爆文学の記念碑的第一歩

大田洋子著
『屍の街・半人間』

講談社文芸文庫
一九九五年刊

先月（一九九七年七月）はじめ、米国はネバダ核実験場で「未臨界実験」をおこないました。この実験は、高性能火薬の衝撃波を核兵器用のプルトニウムに当てて、核分裂を起すものです。これは、明らかに核実験です。しかし米国政府は、連鎖反応になる臨界状態の前に終えるから、昨年秋の国連総会で採択されたＣＴＢＴ（包括的核実験禁止条約）で禁止されている「核爆発」

にはあたらないと主張しました。今回の「未臨界実験」にたいして、米国内の科学者や市民から多くの批判が出されていましたが、米国政府の主張はとんでもない悪質な詭弁です。

日本では米国の「未臨界実験」について、平岡敬・広島市長が、「この核実験が引き金となり、核兵器開発競争を再燃させることに危機感を覚える」と抗議し、また、伊藤一長・長崎市長は、米国への抗議と共に、橋本首相に、「唯一の被爆国として毅然たる態度」を求めました。けれども日本政府は米国に抗議せず、結局黙認してしまったのです。

「わが声よ　沈黙を守るな／原子爆弾の／破片が飛び散るうちは。」――と、アフリカ・ザイールの女性詩人クレマンティヌは唱っています。核廃絶という人類の悲願をふみにじっている米国政府、そしてそれに追随している日本政府に、私たちはけっして沈黙を守ってはならないのです。〈ヒロシマ・ナガサキ〉の月である八月をむかえて、私はあらためて、本紙一九九五年の被爆五十年特集で紹介されていた、作家井上ひさしさんの、この上なく大切な指摘のことを想い起さないわけにはいきません。井上さんは言いました。なにを言われようと、堂々と大マンネリズムの道を歩いて、毎年八月には、私たちは〈ヒロシマ・ナガサキ〉のことを語らなければならないのだ、と。

私はこの八月号で、井上さんのその指摘に応える意味からも、また、米国の「未臨界実験」への抗議としても、近年ようやく講談社文芸文庫に収められた大田洋子の『屍の街・半人間』について、ぜひとも書きとめておきたいと思います。

大田洋子（一九〇三―六三）は、広島で被爆した、戦前から活躍していた作家でした。一九四八年に出版された（中央公論社刊）彼女の『屍の街』は、原爆の犯罪性を糾弾した世界で最初の克明で鮮烈な記録であり、原爆文学の記念碑的作品です。それは、一九四五年の八月から十一月にかけて執筆されたのでした。無数の――「累々《るいるい》」と人びとが死者となっていく日々のなかで、みずからの死の影を意識していた大田洋子は、ペンも原稿用紙も、一枚の紙も一本の鉛筆もない状態で、知人たちに障子から剥がした、茶色に焼けた障子紙やちり紙、二、三本の鉛筆などをもらって、人類がはじめて体験した、人口四十万の一都市が一瞬に滅亡した惨劇を描いたのです。

私は、はじめて『屍の街』を読んだ高校一年生の時の、烈しい衝撃をけっして忘れることはできません。作中の、「少女たちは、天に焼かれる、天に焼かれると歌のように叫びながら歩いて行った。」という一行などは、何度もくり返し胸の中で反芻したものです。

ところで、忘れてはならない問題作である『屍の街』は、米軍の圧力もあって、最初に出版されたものは一部削除されていたのです。完本が出たのは、一九五〇年（冬芽書房版）のことでした。そしてしかも、その後の歴史のなかで、貴重な『屍の街』など、大田洋子の作品が殆ど手に入らないという理不尽なことが何度もありました。『半人間』からも彼女の苦悩を深く知ることができますが、被爆以後、大田洋子は苦痛にみちた生を辿ります。その死も大変哀しいものでした。

私は最近、長崎の原爆詩人福田須磨子の必読の無比の書『われなお生きてあり』(筑摩書房刊)が入手不可能になっていることを知り、驚愕しました。私たちは、大田洋子や福田須磨子のような人を、二度死なしては絶対いけないのです。彼女たちを忘却することは、まさしく犯罪といわなければなりません。

名女優の名エッセイ集

『蓮以子八〇歳』

北林谷榮著

新樹社
一九九四年刊

石牟礼道子さんは、そのエッセイ集『花たてまつる』（葦書房・一九九〇年刊）に収めた、本書『蓮以子八〇歳』の著者の、映画『ビルマの竪琴』におけるビルマ人のお婆ちゃん役の演技を絶讃した文章「北林谷栄さんのこと」のなかで、つぎのように記しています。

「あの時の北林さんは民衆というものの原型を演じ切っておられ、その原型とは、人間の歴史にもし、豊饒というものがあるとすれば、存在することが豊饒をあらわしているのだという意味でのお婆ちゃんを、演じられたのだと思います」と。

この石牟礼さんの賞讃《オマージュ》の言葉はまことに的確で、北林さんの演技の真髄とでもいうべきものを見事に言い現わしていると思います。そして、この私もまた、いまから四十五年前の映画『山びこ学校』での、木村功が演じた無着先生のお母さん役の北林さんを眼にして以来、『原爆の子』をはじめ、数々の映画でお婆さんに扮してきた北林さんのかなり熱心なファンでした。北林さんは、信じられないほど実にさまざまなお婆さん役を演じてきましたが、そのなかでも、とても印象的だったのが、在日朝鮮人のお婆さん役でした。

日本人の役者が朝鮮人や、また中国人を演ずると、大体において類型的になりがちです。しかし北林さんだけは、全くちがっていました。私はいまでも、在日朝鮮人のお婆さんに扮した、四十年ほど前になる、スクリーンのなかの北林さんの演技をありありと記憶しています。つまり、それほど印象的だったのです。日本人の子どもを育てる『オモニと少年』でのそれ、また、今村昌平監督の話題作だった『にあんちゃん』での金貸し婆さんのそれなど、ともに底光りしているとでもいうような、じつに奥行き深い人間造型を実現していました。そして、たしか北林さんは、その『にあんちゃん』で、サンフランシスコ国際映画祭の最優秀助演女優賞を受賞した筈です。

私は、この北林さんの八十歳をむかえて出版された『蓮以子八〇歳』（蓮以子《れいこ》とは北林さんの本名です）を読んで、在日朝鮮人老婆に扮したときの北林さんの素晴しい名演技の根底に、少女時代に目撃した関東大震災の時の、朝鮮人虐殺の記憶があることをはじめて知りました。『にあんちゃん』のなかで、北林さんが扮したお婆さんが、朝鮮のきれいな古謡を歌う心に残るシーンがあります。そのお婆さん役は、金貸しひと筋の無味乾燥な因業婆さんなだけに、そのシーンはなおさら胸えぐるような感銘があったのです。

その演技の工夫について語りながら、北林さんはこの本のあるインタビューのなかで、こう語っています。

「私は、一人の子どもとして、関東大震災の時の朝鮮人虐殺の片鱗を目撃しています。その印象のせいか、小さいときには、朝鮮人に会うと相済まないような、日本人である自分が恥ずかしいような気分になったものでした。私がもの心ついた大正から昭和にかけては、おとなりの朝鮮民族にたいして日帝の嵐が理不尽に吹き荒れていた時代です。そのなかを、くぐり抜けてきた朝鮮民族は、大変剛気な民族だという感銘が、私にはつよくあるんです。だから金貸しの婆さんといえども、そういう民族全体の歩みに参加しているひとりだという実感があります。婆さんの心の底の底に流れている民族の美しさを、どこかで暗示できたらと思ったんですね」

――ここには、他民族への最良の質の感受性というか、想像力の働きがあります。この本の最後に、「ある老女の真実」という八十三歳の詐欺罪を犯した老女のことを書いたエッセイがありますが、そこにも他者への生きたみごとなまでの想像力があふれています。本書はまさしく、名女優のじつに面白い名エッセイ集です。ご一読を、心からすすめます。

大らかな人間的スケールの凄さ

土方梅子著
『土方梅子自伝』

早川書房
一九七六年刊

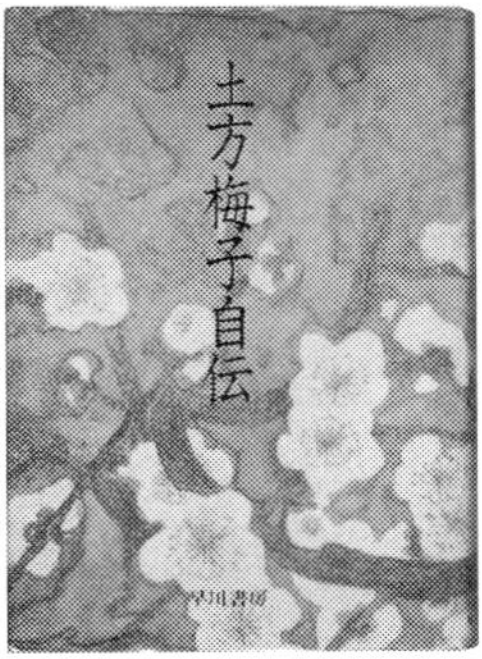

先月号（一九九七年九月号）で名女優北林谷榮さんのエッセイ集のことを書いたので、今月号ではその北林さんを生んだ、日本の新劇運動の基礎をつくった演出家土方与志（一八九八―一九五九）のパートナーである、土方梅子さんの貴重な『自伝』のことを紹介しておきたいと思います。

どの演劇史にも書いてあることですが、日本の新劇の第一歩は、一九二四年六月十三日、新しく建てられた築地小劇場で、土方与志演出のゲエリング作『海戦』の開幕を知らせる銅鑼《どら》が、高々と打ち鳴らされたその時に踏み出されました。それまでの日本の演劇とは全く異質の早いテンポの『海戦』は、関東大震災の焼野原のなかにこれまでに存在しなかった演劇が誕生したことを告知するものでした。当時ヨーロッパから帰国したばかりの新進画家だった村山知義は、のちにその自伝のなかで、「『海戦』を見て、それこそ、魂がデングリ返るほどに驚いてしまった。」と記しているほどですが、築地小劇場の開設は、まさしく文化の革命でした。築地小劇場がその出発点となった日本新劇運動の功罪は、現在さまざまに語られていますが、しかし、もし築地小劇場が存在しなかったら、日本の近現代演劇の歩みは、全くちがったものになったでしょう。築地小劇場は、それくらい決定的な歴史的な意味をになったのです。

そして、その築地小劇場をつくるのに、最大の貢献をしたのが土方与志でした。働き手を集めることも土方の大事な役目でしたが、千円あれば普通の家が建った時代に、築地小劇場のための建築費と設備費の双方を合わせた十万円を、土方与志は私財から調達したのです。

一九三四（昭和九）年末に宮内省から爵位を剥奪されるまで、「赤い伯爵」とよばれていた土方与志は華族でした。この本のなかに、日本プロレタリア文化連盟（コップ）婦人協議会の活動のために梅子さんが澁谷署に検挙されたさいに、署長室に掲げてあった歴代警視総監の写真の三島通庸のものを指さして、「こんな立派なおじいさんに、申しわけないと思わんか！」と、彼女が往復ビンタでなぐられる場面があります。つまり母親は公卿出身で侯爵の娘、父親は貴族院議員で、梅子さんも華族でした。いってみれば、与志は「成り上がり」の新華族ですが、梅子さんは生粋の華族の家系になります。

この『土方梅子自伝』の面白さは、ふつうには知り難い華族社会のさまざまな側面についてふれながら、華族の若夫婦が演劇にめざめることによって貴族社会に反抗し、二〇世紀前半の激動する世界を必死で生き抜いていく姿を物語っているところにあります。

私がはじめてこの本を読んだ時に、とても心うたれたのは、土方梅子さんの、さまざまな労苦や不条理にめげない、全く私利私欲をこえた、純粋で大らかな人間的スケールのすごさでした。土方与志はすばらしい立派な芸術家でしたが、どこか殿様精神のぬけない、万事、「よきにはからえ」といったところのある男性でした。日本にいた頃はともかく、一九三四年に共産主義国際演劇運動の使命をおびて行ったソ連のモスクワでの生活や、フランスに移住してからの日々、また与志の収入がきわめて少なかった戦後日本での土方一家の暮らしを支えたのは、築地小劇場の衣裳部で覚えた梅子さんの洋裁の技倆によってでした。

梅子さんの凄いのは、そのいつも初々しい、夢をけっしてすてない理想主義的姿勢を最後までつらぬいているところにあります。本自伝の意義は、日本の近代演劇史の貴重な裏面を知ることができるところにありますが、どんなつらいことにも押しつぶされずに、厳しい激動の時代を信念を失わずに生きた、一人の女性の不屈の魂そのものが刻みこまれているという、その一点にあるのだと私は思います。

歴史ミステリーの金字塔

『時の娘』

ジョセフィン・テイ著　村崎敏郎訳

ハヤカワミステリ・ブックス
一九五四年

生協活動に関わっている人間ならば、かならず一度は眼を通しておかなければならないと言えるほどの名著『協同組合運動の一世紀』を書いた、あのG・D・H・コール（一八九九―一九五九）のことを、私は心から尊敬しています。そして、私のその尊敬は、右の著者をはじめとして、コールの『イギリス労働運動史』や、『社会主義思想史』『世界社会主義への呼びかけ』といった

労作から、大きな影響をうけたためばかりではありません。

なによりも私のコールへの尊敬は、中学生時代にウィリアム・モリスの小説『ユートピア便り』を読んで社会主義者になったコールが、半世紀におよぶ社会主義者としての活動と著作作業に献身する一方で、驚くべきことに同時に、夫人のマーガレットさんと、ロンドン警視庁の元警視ヘンリイ・ウィルスンを探偵にした、じつに三十冊以上もの探偵小説を合作していることにあるのです。

——そう、告白すると、かつての私は、探偵小説の大マニアで、大ファンでした。私は、ヒマを見つけては、溺れるようにしてかたっぱしから読みふけったものでした。今回の《古書発見》は、そのかつて読みふけったもののなかで、私が心から楽しみ、そして初読以来数十年たったいまでも、ありありとあざやかに記憶に残っている探偵小説をご案内したいと思います。それは、コール夫人と同じイギリスの女性作家による傑作——一九五一年に発表されたさい、当時全く新しい着想と領域を切り拓いた作品として賞讃された、ジョセフィン・テイ（?—一九五二）の『時の娘』（現在はハヤカワ文庫・小泉喜美子訳・一九七七年刊）です。

探偵小説の形式の一つに、〈アームチェア・ディテクティヴ〉（安楽椅子探偵）というのがあります。これは、探偵が安楽椅子に掛けたまま、事件現場に赴いて調べたり、また関係者を直接尋問したりせずに、報告だけから事件の謎を解決するスタイルのものです。そして探偵と読者とが、与えられる材料が全く同じなので、謎解きの最も純粋な形式といわれています。この作品はその一変種ですが、正確には、〈ベッド・ディテクティヴ〉とでもいうべきかもしれません。

話は、マンホールにうっかりして足を踏みはずし、片脚と背骨を痛めたロンドン警視庁の警部アラン・グラントが入院し、ベッドに釘づけになるところから始まります。退屈な入院生活にあきあきしはじめたグラントは、ふとした偶然で、一枚の肖像画の写真と出会います。それは、シェイクスピアも芝居に書き、夏目漱石も『倫敦塔』で言及している――〈悪の代名詞〉と言われている、あの有名なリチャード三世のものでした。かれは、十五世紀のイギリス薔薇戦争のむかし、甥の幼い王子たち二人をロンドン塔に閉じこめて殺し、王位を奪った、悪虐非道・冷酷残忍な男として、どの歴史教科書にも、また、主だった歴史書にも記述されてきました。

だがそれまでたくさんの犯罪者の顔を見てきた、〝たたきこんだ警察官の眼〟をもつグラントには、その肖像画のリチャード三世からは、どうしても極悪な犯罪者の顔を発見することはできませんでした。そこで一念発起したグラントは、歴史書をひもとき、文献を集めて、歴史の真実に挑戦していくのです。ベッドの上で、純粋に文献だけで推理を展開していきます。つねに〝誰が得をするか《キ・ボノ》〟を導きの糸として。そして……。

やはり、結末を書いてしまうのはやめにしましょう。推理の面白さは、その推理のプロセスを共に歩いてこそ解るものなのですから。しかし、『時の娘』には、知性とユーモアと魅力があふれていることだけは保証します。そして最後に、この作品が、一九九一年におこなわれた英国推理作家協会の会員投票で選ばれた、ベスト100のトップであることを申しそえておきましょう。

ことば・このすばらしきもの

大原穣子著
『故郷のことばなつかし——ドラマによみがえる方言』

新日本出版社
一九九四年刊

私は全くの東京生まれで、東京育ちですので、ふたしかな下町ふうの東京弁と共通語しか話せません。そのためか、共通語以外に味わい深いふるさとの言葉・地域語をしっかりと所有している人に出会うと、いつも羨望の思いにかられます。

方言・地域語を活用したいくつものすばらしい戯曲を書いておられる劇作家の秋元松代さんは、

そのエッセイ「方言について」のなかで、「ある地域の人々によって使い継がれ、保たれてきた方言の中には、簡潔でゆるぎのない言葉や優雅な言いまわしや美しいひびきがあって私を驚かす。そして、手織り木綿のように、ごつんとして快い。」（『戯曲と実生活』平凡社刊）と記されていますが、本当にそのとおりだと思います。

私はいまでも、十代の半ばすぎの頃、はじめて耳にした北九州の柳川弁を忘れることができません。「おたべめせ」と、その女性《ひと》は食卓を前にした飢えている少年に言いました。その時、その女性《ひと》ははじめて私に郷里の柳川弁を使ってくれたのでした。それまで一度も耳にしたことがない優雅であたたかな言葉の美しい響きは、私を驚かせ、そして、私の胸を深くうちました。それ以来私は、共通語以外の言葉への強い関心と興味をもつようになったのです。

そんな思い出のある私にとって、女優で同時に大阪弁、京都弁、広島弁の三つのことばの方言指導を仕事にされている大原穣子《おおはらじょうこ》さんのこの本『故郷のことばなつかし――ドラマによみがえる方言』の存在に出会うことができたのは、とても大きな喜びで、とても大きな収穫でした。

相手を思いやる心からこそ、「美しいことば」が生まれてくることを確信している大原さんのエッセイを集成した本書は、心やさしさとユーモアと、そして時おりキラリと光る批評精神が織りなした、読後じつにさわやかな印象を残す大変好もしい一冊です。大原さんは、京都出身なのに京都ことばが話せない若い女性タレントの存在に示されているように、貴重な方言がどんどん消えている現状になによりも心を痛めています。しかし大原さんは、ただ嘆いているだけではありません。そうした現実だからこそ、大原さんはドラマにおける方言の役割を重視し、これまでのいろいろな時代の言葉、地域の言葉、生活の言葉である方言、多くの人々のかけがえのない人生によって培われ、発展してきた歴史が刻まれている大切な日本の文化である方言、その「ことば文化」を根だやしにしないために、方言指導に大変な努力をかたむけているのです。この本の一頁一頁には、その大原さんの努力の一つ一つが刻印されています。

そして、なかでも本書での大原さんの記述でひどく面白かったのは、映画『男はつらいよ、寅次郎』での「とら屋の茶の間」における東京下町ことばのやりとりを、大阪弁、京都弁、広島弁、そして宮崎弁、山形県の庄内弁と置きかえてくれているところです。こんな工夫をとおして、大原さんはそれぞれの方言の魅力、それはまた東京下町ことばの魅力ということでもあるのですが、いかにも方言指導者らしい仕方で、私たちに多くのことを教えてくれるのです。

私たちはこの好著によって、ことばのすばらしさ、面白さ、不思議さ、こわさとでもいったものを自然に学ぶことができるでしょう。また、ことばのこと以外でも、地域ごとのちがった雑煮の話など大変興味深いことが記されています。幸いなことに、本書大原さんの本は、まだ在庫があるとのことですので、ぜひ購入されたらと思います。

最後に、大原さんが使ってスッキリしたという、「アクタレ語」を書きとめておきましょう。

――「イジワルのイケズのコンジョワル！　もう、トサーキャークル！」。どういう意味かは、この本で……。

歌声の陰にあるもの

『奇妙な果実――ビリー・ホリデイ自伝』

ビリー・ホリデイ著　油井正一・大橋巨泉訳

晶文社
一九七一年刊

史上最高のジャズ・シンガーというゆるぎない評価を、死後四十年近くたった現在でも受け続けているビリー・ホリデイ（一九一五―五九）の自伝の邦訳『奇妙な果実』が、新年（一九九八年）になって版を新しくして刊行され、入手しやすくなったことはとても喜ばしいことだと言わなければなりません。一言でいって、この自伝は一人の黒人女性の一生というものを知る上で、

決定的に貴重な一冊だからです。そして、今度の新装版では、日本におけるビリー・ホリデイ研究の第一人者である大和明さんの入念な解説「ビリー・ホリデイの人と芸術」に、驚くほど丁寧な最新ディスコグラフィと年表が新たに付されていて、ビリー・ホリデイを理解するために、旧版よりもさらに役立つ仕上りになっているのです。

私は、四分の一世紀以上がたったいまでも、友人の部屋で初めて聴かせてもらった、邦訳のタイトルに使われている「Strange Fruit」のビリー・ホリデイの歌声をありありと記憶しています。それは、忘れようとしてもけっして忘れることのできない印象的な歌声でした。レコードから響いてくるビリー・ホリデイの抑制された静かな、それでいて擦過《さっか》してくるとでもいうような刻みこんでくる声は、魂の底から出て、そして、こちらの魂の底に滲みこんでくるものでした。

南部の木々に　奇妙な果実がぶら下がっている
その葉は血に染まり　根元まで血で汚れ
黒い体は　南の微風に揺れている
奇妙な果実は　ポプラの木に吊るされている
美しい南部の田園風景に　飛び出た目と歪んだ口

甘く新鮮に漂う木蓮の香りも
突然肉が焦げる臭いとなる
群がるカラスに　その実をついばまれる果実に
雨は降りそそぐ
風になぶられ　太陽に腐り
ついに朽ち落ちる　奇妙で苦い果実

この「奇妙な果実」が、白人たちによるリンチにあって木に吊るされている黒人の光景を唱ったものであることは、友人の解説もあってその時すぐ分りました。しかし、ビリー・ホリデイの歌唱の凄さの根底に流れているものについて、私がもう一つ深く理解できたように思えたのは、その後間もなく、旧版のこの訳本を読んでからでした。

私はそれまで黒人文学や、黒人差別についての本をかなり多く読んでいたので、黒人差別の実態を知っているつもりでいましたが、改めてこの本によって、人種・性的差別と迫害のひどさというものを、生の具体的な実相において教えられたのです。

その苛酷さにおいて、黒人であり、女性であるビリー・ホリデイの人生はとてつもないものでした。黒人ゆえの貧しさから小学校も満足に行けず、十歳で強姦され、そして「非行少女」として感化院送りとなり、出所後は女中奉公から娼婦に、また売春罪で刑務所暮しをするなど、十代半ばにして人生の裏表の辛酸をなめつくしたのです。

スター歌手になってからもたえず差別と冷遇、無視にさらされ、傷ついた彼女は麻薬におぼれ、アルコール中毒にもなって、四十四歳の若さで孤独で悲惨な死をむかえます。

この自伝のなかで、ビリー・ホリデイは、「『飢え』とか『愛』という言葉を、私のように歌う人はいない」と批評されたと語っています。たしかにこの本をよむと、その意味が痛いほど分ります。しかし、差別と貧困による子ども時代からの心の傷（心的外傷）はいやすことができませんでした。彼女が麻薬に走ったのも、忘れたいことが山のようにあったからでしょう。差別と貧困がどれだけ人間を打ちのめすものであるかを、これほどに語ってくれる本はないと思います。

美しい炎がゆらめく自伝

ビオレッタ・パラ著　水野るり子訳

『人生よ　ありがとう——十行詩による自伝』

現代企画室
一九八七年刊

私は、過日おこなわれた、本紙〈こどもに贈る本〉欄にも執筆なさっているピアニスト鈴木たか子さんのコンサートではじめて聴いた、ビオレッタ・パラの歌『なんという胸の痛みだろうか』の交唱が与えてくれた底深い感動の記憶を、けっして死ぬまで失なうことはないでしょう。それは、本当にすばらしい歌でした。

♪なんという胸の痛みだろうか
　あまりに世界が傷つきすぎた

リフレイン
（自由を求め　さまよい続け　野に果てるとも　明日を信じて）

その歌は、ゆるやかに流れるやさしさにあふれた曲調の展開のなかに、悲哀と同時にゆるぎない決意の美しい響きがこもっているとでもいえるような、とても印象的なものでした。一度でもこの歌を聴いた人は、必ず胸に刻みこんで忘れることがないにちがいありません。

ドイツの詩人ヘルダーリンは、「良き歌は、精神を飛翔させる」と記しましたが、ビオレッタ・パラのそれは、まさに「良き歌」というべきものでした。そして私は、その歌が与えてくれた喜びのなかで、かつて読了して心うたれたビオレッタ・パラの自伝『人生よ　ありがとう――十行詩による自伝』のことを思い出していました。とても大事な企画だといわなければならない〈インディアス群書〉のうちの一巻として翻訳刊行されたそれは、詩人の水野るり子さんが苦心して日本語に移した、ビオレッタの「良き歌」と同様、とても印象的な比類なき女性の魂の記録です。

ビオレッタ・パラ・サンドバール（一九一七—六七）。——彼女こそは、あのチリ・フォルクローレの偉大な母でした。祖父がスペイン人、祖母がインディオだったビオレッタは、チリ南部の小さな村に生まれ、幼い時から野良仕事の手伝いをして家計を助け、十歳頃から田舎まわりのサーカス団に兄姉と一緒に加わって巡業に出かけ、十五歳で姉イルダとともに家を去り、首都サンティアゴに出てデュオを組み、酒場や盛り場で歌い始めたのでした。数年後に結婚しますが、ビオレッタが外で歌い歩くことを好まない夫との生活はほどなく破綻をきたし、彼女はふたたび歌の道を歩みます。そして、詩人である兄ニカノールのすすめもあって、ギターを抱えてチリ全土を歩き廻り、農村や鉱山地帯などから、埋もれた民衆の歌、忘れさられようとしていた民衆の歌の数々、楽器、技法などを掘り起してノートに書きとめ、録音し、自らも創作して歌い、その伝播と再生に力をつくしたのでした。

チリのある詩人は、「チリ的なるもののすべて、チリそのものとしての、また、民そのもの、いとおしいほどに民そのものであり、汗にまみれ、血にまみれ、そしてなお偉大なる謎であるアメリカの『歌い手』、チリの英雄的女性……」と、ビオレッタを讃えましたが、民衆の歌手・詩人・作曲家であり続けた彼女の努力から、ビクトル・ハラや、キラパジュン、インティ・イジュニというグループが中心となった〈新しい歌《ヌエバ・カンシオン》〉運動が始まり、それは一九七〇年の人民連合政府を実現する大きな力となったのです。そしてビオレッタ自身は、その三年前につらい愛の傷手《いたで》からピストル自殺をとげてしまっていましたが、一九七九年、社会主義政権の下で、ある地区が、「ビオレッタ・パラ区」と名づけられたのでした。

魯迅は、翻訳とは、他人の炎でわが身を灼くことだといいました。伝統的な十行詩《デシマ》の詩型を活用して書かれたこの自伝は、幼年期から晩年までの足跡が、その生活と愛とが、内面の心情をからめて切々と語られています。本書には、疑いもなく、今日の私たちの魂をまるごと灼き直さずにはいない、美しい感動的な炎がゆらめいています。

女性の眼でみた日本の福祉

『この国は恐ろしい国――もう一つの老後』

関 千枝子著

農山漁村文化協会
一九八八年刊

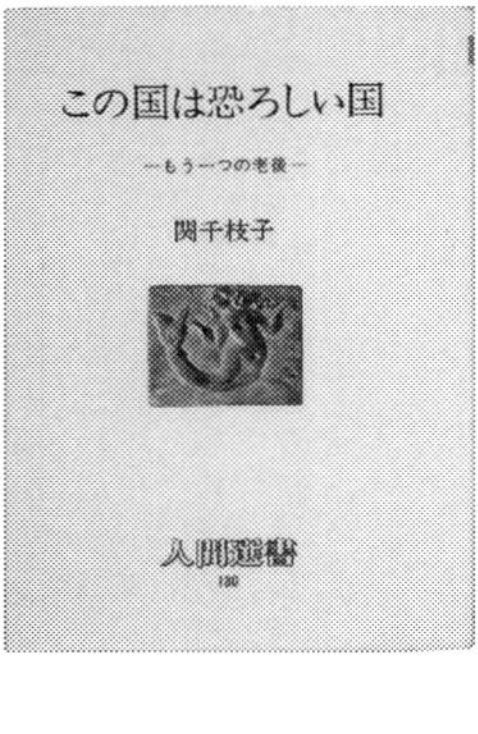

最近テレビや新聞に登場しているいわゆるエコノミストといわれる人たちが、なにかにつけ現在のアメリカを賞讃するのを聞くと、正直いって私は腹が立ってなりません。アメリカは、本当に良い社会なのでしょうか。

アメリカの黒人運動のリーダーであるジャクソン師は、今年（一九九八年）の春におこなわれたワシントンでの黒人の大集会で、「いまやアメリカでは金持ちの天井は取り払われ、貧しい人たちの床板がなくなってしまった。」と語りましたが、つまりアメリカは、富める者だけがますます富み、貧しい人びとは一層貧しくなっていく社会なのです。すべての法人資本の半分が人口の一%によって所有され、その一方で、すべての家族のうち八一%がまったく財産を所有していないのが、アメリカの現実です。米国労働省の統計によっても、極貧層の割合は、一九七五年における二九・九%から一九九五年には三八・一%になり、人口では三六五〇万人が、四人家族で年収一九二万円以下であり、一方、資産一〇億ドル以上の富豪は、一九九七年に前年の一三五人から一七〇人に増えています（米経済誌『フォーブス』による）。しかも、福祉・教育などの社会保障費は削られ、そしてアメリカでは、医療保険を払えずに医療を受けられない人間が、人口の約七分の一の三五〇〇万人に達するだろうといわれています。

経済学者の降旗節雄さんは、アメリカは、「強いヤツは勝て！　弱いヤツは死ね！」という社会なのだといっていますが、アメリカ資本主義は、生命と労働を軽視し、失業者をつくり、弱者・敗者を切り捨てる、腐敗と投機の経済そのものにほかなりません。そして、そのような現実を合理化する弱者切り捨ての論理が、いま突然日本でも大合唱のように叫ばれている、〈自己責任〉という言葉に集約されているのです。ちょっと注意すれば分ることですが、アメリカを誉め讃えているエコノミストたちが、なにかとよくふり廻すのが、この〈自己責任〉という単語です。

私たちは、カネと力のある者にとって、大変都合のいいこの言葉にダマされてはいけません。日本の政府も企業も、〈自己責任〉を強調しつつ、日本社会をアメリカ的な方向に――富める者の天井をとり、貧しい者の床板をはずすことを押し進めようとしています。たとえば、健康保険のサラリーマンの本人負担が二割となりましたが、薬剤費の外来別途負担も同時に設けられたために、単純に一割から二割へ倍増になっただけではすまない改悪であり、それも政府がアメリカを念頭においているからです。そして政府は、福祉や社会保障のさらなる切り下げを、経済の悪化や財源のことを理由に――アメリカに次いで、日本の軍事費が世界第二位の高額であるということなどに全くふれずに――計画しています。現在私たちは、福祉や社会保障の大転機に直面しているのです。

私はいま、十年前に刊行されたジャーナリスト関千枝子さんの『この国は恐ろしい国――もう一つの老後』のことを思い起さないわけにはいきません。この貴重な記録こそ、日本人の多くが〈豊かさボケ〉をしている時に、日本の〈豊かさ〉の内実、その福祉行政のあり様の冷酷さ・非人間性に、生きた鋭い批判的な光を投げかけた、先駆的で貴重な作業でした。この関千枝子さんの営為があったからこそ、暉峻淑子さんの『豊かさとは何か』（岩波新書）をはじめとする日本の〈豊かさ〉を問い直すさまざまな作業も生まれたのです。今日ほど、私たちが社会保障や福祉のことを自分自身の問題として考えなければならない時はありません。このような時機に、母子家庭の母たちのことを中心に、女性の眼で、日本社会の福祉の実態を究明しようとした関千枝子さんの本を読み返すことは、とても意味のあることなのです。

＊

十年という年月がたったいまでも、私は、関千枝子さんのこの労作『この国は恐ろしい国』を初めて読んだ時の、身のふるえるような驚きと怒りをありありと思い起すことができます。

関さんはそのルポルタージュにおいて、本来市民の権利というべき福祉が、この国日本では、まるでお上からの「お恵み」や「施し」のように考えられていること。そして、何度もおこなわれてきた生活保護の「適正化」政策――つまりは、福祉予算のしめつけによる〝受給者の抑制〟のための、寒気をもよおす信じられないような役所の対応のさまざまを、くりかえし記しています。

関さんの報告で私がとりわけ驚き、そして恐怖すら覚えたのは、札幌市白石区の福祉事務所の事例でした。四人の未成年の子をもつ三十七歳の母親が、勤めのパートの給料ではとても足りずに生活保護を申請したら、実態調査に来た保護係が、まずレンジやステレオがあるのは支給の支障になるというのです。レンジもステレオも買ってから十年もたっているものだから、売れないだろうと答えると、〝他人にやってでも処分すること〟といい、そして、〝売って金になるものはまず売る。すべて売る。身体もね〟とつけ加えたのでした。そして、その係は売春をおこなうことを示唆しつつ、その人の離別した夫のことや、親類のことなどを問いただし、結局は、申請の辞退届を書かせたのです。

この話は、一九八七年一月に、ガスもとめられ寒さの中で餓死したある母子家庭のことを調べていた際に、関さんが直接本人から聞いたのですが、売春を示唆する福祉事務所とは、なんとグロテスクな存在なのでしょう。このことと同時に私が本当に怒りを禁じえなかったのは、福祉事務所が保護家庭どうしで監視させあい、密告を奨励しているという事実でした。受給者が、どうしても役所や係によく思われたいとなりがちな心理的弱みにつけこむのは、全く卑劣というほかはありません。

私は、組合員のみなさんに、この関千枝子さんの労作をぜひ読んで頂きたいと思います。関さんは、この本の末尾につけた経済学者久場嬉子さんとのとても貴重な対談「〝買う福祉〟を買える人々・買えない人々」のなかで、「本当に困っている当事者である人々、たとえば母子家庭のお母さんたちは声を上げるひまがない。くたびれはてて声を上げる余裕がない。考えることもできないほど追いつめられている。……本当に困っている人たちは声を上げることができないんです。」と語っていますが、全くそのとおりだと思います。この本のなかにも指摘されていることですが、〈底辺の所得層〉、とりわけ生活保護を必要とする未婚・離別の母子世帯の実際はほとんどマス・コミで語られないし、話題にする時は、歪んだ仕方でしかとりあげません。しかし、シモーヌ・ヴェイユもいうように、社会の本当の姿は、弱者・少数者の現実に最もよく写し出されるのであり、私たちは、「声を上げることができない」「本当に困っている人たち」の存在と現実を通して、はじめて社会を見るリアルな眼を獲得することができるのです。

私は同情の必要ということから、このことを申上げているのではありません。弱者・少数者が痛めつけられる社会は、〈ふつう〉の人びともけっして幸福になれないのだということを、私たちは深く認識する必要があるからです。

いま経済の悪化を理由に、社会保障や福祉を、市場経済・競争にゆだねようという方針が政府・財界から出されています。今日の日本社会は大きな転機に立っているのです。

この国を、さらに「恐ろしい国」にしないためにはどうしたらいいのか、いまほど私たちの責任が問われている時はありません。

二一世紀への投瓶通信（上）

『ロシア革命論』

ローザ・ルクセンブルク著　伊藤成彦・丸山敬一訳

論創社
一九八五年刊

私は最近、「女性・戦争・人権」学会の学会誌『女性・戦争・人権』の創刊号（三一書房刊）に発表された大越愛子さんの論文「『女性』と戦争論」をよんで、大変強い共感を覚えました。大越さんはその論文において、いまあらためて注目し、学ばなければならない「女性」たちの戦争論として、エーディット・シュタイン、シモーヌ・ヴェイユ、ハンナ・アーレント、ジュリ

ア・クリステヴァなどの作業に光をあて、そしてそのなかで、ローザ・ルクセンブルク（一八七一―一九一九）の今日的重要性を語っていたのです。

私には、ローザ・ルクセンブルクをめぐる格別の思い出があります。私は、一九六〇年の安保闘争が終熄してから編集者になったのですが、私は私自身の運動体験上の反省から、日本の左翼の再生に役立つ書物の刊行ということを、出版の企画をたてる際の中心的な柱としていました。そして、その時に企画した一つが、『ローザ・ルクセンブルク選集』（現代思潮社刊）だったのです。

ローザ・ルクセンブルク――彼女は、ポーランド生まれのユダヤ人女性で、一八九八年にドイツに移住し、ドイツ社会民主党員となり、同党と社会主義第二インターナショナルを舞台に活動しました。そして彼女の名前を歴史的なものにしたのは、第一次世界大戦にさいして、戦争を肯定してしまったドイツ社会民主党指導部に抗して、反戦の闘いを徹底的に展開したからです。彼女はすばらしい革命の闘士であり、理論家であり、思想家でした。また、その魅力的な人間性は、多くの人をひきつけてやまなかったのです。だが、まさにその比類のない人間的力量の故にこそ、社会民主党政府下の軍人たちによって虐殺され、死体は運河に投げこまれ、その無惨な死体が発見されたのは、四ヵ月後のことでした。

私は、三十七年前の荒畑寒村さんの嘆きの言葉を、いまでもありありと覚えています。日本社会主義運動の大先達は、『ローザ・ルクセンブルク選集』の計画を大変喜んでくれたのですが、その時しみじみと、本当にしみじみと、深い悲しみをこめて、私にこう言ったのです。「ローザが殺されなかったらなあ。歴史が変わっていたのではないだろうか。彼女が生きていたら、きっとソ連でスターリン主義は生まれなかったのではあるまいか。権力というのは、誰れを殺せば革命運動に打撃を与えられるか、その本能だけはスゴイのだ。日本だって大杉栄が殺されなければ、すこしは歴史がマシなものになったんじゃないだろうか。それと同じことだよ。」と。そして寒村さんは、帰ろうとする私にむかって、選集には、ローザの『ロシア革命論』をかならず収録するように、と何度も念をおされたのでした。

しかし肝心の原文テキストを手を入れるのに、私は非常な努力をしなければなりませんでした。両親がドイツ社会民主党でローザを非常に尊敬していたというハンナ・アーレントは、その「ローザ・ルクセンブルク」という文章のなかで、ローザは、「ドイツ左翼運動のなかで最も論議の的となりながらも最も理解されない人物」と記していますが、ローザの死にさいしてのレーニンの「ローザの完全な全集を出版するように」という言葉にもかかわらず、ヒトラー政権の出現と、また、一九三一年のスターリンがローザをトロツキストと非難したために中断された戦前の

「全集」も、また、戦後の東独で出された二巻本の選集も共に不完全なもので、ましてや、ローザがレーニンたちを批判している『ロシア革命論』は全く無視されていたのです。

そして、ある人の好意で、一九三九年にフェリクス・ヴァイルがまとめたテキストをようやく手に入れ、邦訳が完成するまで大変苦労しましたが、そのローザの文章は、それまでのすべての苦労が報われる、本当にすばらしいものでした。それは、まさに最良の社会主義者の精神によって書かれた文章でした。〔この項続く〕

あとがき

久保覚が急逝して、早いもので五年の歳月が過ぎ去ろうとしています。

この度、月刊紙《本の花束》に書き継いできた久保のエッセイ『古書発見　女たちの本を追って』が、影書房から一冊の本として刊行されることになりました。私にとって望外の喜びです。

久保は、常々、歴史の中で埋もれ、見過ごされ、排除されてきた女性たちが、いまたがいに学習し合い、自立していくことがいかに大切であるかということを持論としていました。

「これからの時代は女性が主役にならなければダメだ。それも思いっきり、イキイキと魅力的に活動できる土台づくりが必要なんだ。そのためには少々きつくても、目標を高くもって、女の人自身が学んでいかなければ……。本を読んでわからないことがあったら、専門家に、どんどん質問して、いい意味で彼らに揺さ振りをかけていくぐらいの気概をもって、共同学習の場をつくっていくことが大切なんだよ。」と噛んで含めるように言っていたのを思い出します。

多分、久保が《本の花束》の編集協力者として、お手伝いさせていただいたのも、生活者であり、組合員である女性たちの無限の可能性を引き出したい、生涯に一冊でも多くの心に残る本を読んでもらいたい、という熱い切なる願いからだったと思います。

いま、世界は、いつ戦争が始まるかもしれないという危機的状況の中におかれています。もし、久保が生きていたら、こんな状況をなんと言っただろうと、大きな「事」が起きるたびに久保の意見を聞いてみたくなります。

絶筆となった最後のエッセイはローザ・ルクセンブルクの『ロシア革命論』で、久保が尊敬する社会主義者、革命家はローザ・ルクセンブルクでした。そのエッセイの中で、荒畑寒村さんの嘆きの言葉として「ローザが殺されなかったらなあ。歴史が変わっていたのではないだろうか。」と深い悲しみをこめて言ったことを書いています。それはまさしく、寒村さんの言葉を借りた久保の気持ちそのものだったのです。世界が危機を迎えているこの時期に、奇《く》しくも『古書発見』が出版されることは、ローザ・ルクセンブルクの「反戦の闘い」の意志を私たちへのメッセージとして、久保が手渡してくれたのかもしれません。

なお末尾になりましたが、この本の制作のために、多くの方々のお力添えをいただきました。ご多忙のなか、久保覚の心を汲みとったような、すてきな表紙をデザインして下さった画家の矢野静明さん、無理な注文にも関わらず、五〇点もの本の写真を撮って下さった映画監督の高岩仁さん、そして最後まで愛情こめてていねいに編集して下さり、索引までつくって下さった《本の花束》の岡本有佳さん、立石喜久江さん、本当にありがとうございました。また、本書を出版して下さった影書房の松本昌次さん、松浦弘幸さん、吉田康子さんには心からの感謝の気持ちでいっぱいです。

この本を一人でも多くの方々が手に取っていただければ幸いです。

二〇〇三年三月六日

小松厚子

人名(作品名)索引

＊人名を50音順に配列、当該の著者名はゴシックとし、生年・没年、原語表記を記載した。
＊書名・作品名等は人名の項に――で一括整理して表した。
＊『　』は、単行本・雑誌・小説・詩集・戯曲・映画・歌などの題名。「　」は、単行本や雑誌に収録された詩・エッセイ・論文など。
＊本文中、初版で紹介されている本は初版を、それ以外は入手しやすい最新の版を挙げた。
＊最後の数字は掲載ページ。
＊著者が故人のため、調査しきれなかったものがあることをお断りいたします。

（岡本有佳・立石喜久江作成）

ア

アーレント，ハンナ　100～102，229，231
――『精神の生活』上・下　佐藤和夫訳　岩波書店（1994）　100
――『過去と未来の間』引田隆也・齋藤純一訳　みすず書房（1994）　100
――『イェルサレムのアイヒマン』大久保和郎訳　みすず書房（1969）　100
――「ローザ・ルクセンブルク」『暗い時代の人々』安部斉訳　河出書房新社（1986）　231
会津八一　152
『愛と哀しみの果て』　102
秋元松代　あきもと・まつよ（1911－2001）　*22～24*，142，211
――『秋元松代全作品集』全三巻　大和書房（1976）→『秋元松代全集』全五巻　筑摩書房（2002）　22～24
――『常陸坊海尊／かさぶた式部考』講談社文芸文庫（1996）　23，142
――『山ほととぎすほしいまま』（『秋元松代全作品集』第一巻所収）　22
――『七人みさき』河出書房新社（1975）　22
――「方言について」『戯曲と実生活』平凡社（1973）　212
芥川龍之介
――『或阿呆の一生』岩波文芸書初版本復刻シリーズ（2001）　146
朝日新聞社東京本社社会部
――『多摩の百年』上・下　朝日新聞社（1976）　155
朝吹三吉　186
芦原英了
――『巴里のシャンソン』白水社（1956）　54
阿部千律子　110
尼川洋子
――尼川洋子編著『女の本がいっぱい――時代と自分に出会う716冊』創元

社(1987) 33
天羽均 126
アメリ，ジャン 134
荒畑寒村 231
アルコフォラド，マリアナ 68,69
——『ぽるとがるぶみ』佐藤春夫訳 人文書院(1929) 68,69 →『ぽるとがる恋文』安部眞隠訳著 東洋出版(1999)
アルヘンティーナ 14
アンジェリ，ピア 173,174

イ

イェーツ，ウイリアム・バトラー 72,138,139,140,143,145
——『回想録』 139
——『鷹の井戸』松村みね子訳 角川文庫(1989) 145
イェーツ兄弟 140
イェセンスカー，ミレナ 12,73
生野幸吉 39
石井漠 13
石牟礼道子 いしむれ・みちこ (1927−) *163〜168*,199,200
——『苦海浄土——わが水俣病』講談社(1969) →講談社文庫(1972) 163,165〜168
——『潮の日録』葦書房(1974) 168
——『花たてまつる』葦書房(1990) 199
市川勇
——『アイルランドの文学』成美堂(1987) 145
伊藤一長 196
伊藤成彦 229
伊藤野枝 159,161
伊藤ルイ いとう・るい (1922−1996) *159〜162*
——『海の歌う日 大杉栄・伊藤野枝へ——ルイズより』講談社(1985) 159,161
——『虹を翔ける——草の根を紡ぐ旅』八月書館(1991) 160
——『必然の出会い——時代，ひとをみつめて』影書房(1991) 160
——「お話の壺」『生活と自治』生活クラブ生協連合会(1992.10−1993.9) 160
井上ひさし 196
井伏鱒二
——『厄除け詩集』講談社文芸文庫(1994) 149,150
今福龍太 89
今村昌平 200

イルダ　221
色川大吉　155, 164
――『多摩の五千年――市民の歴史発掘』色川大吉編 多摩史研究会著　平凡社(1970)　155
――『水俣の啓示』色川大吉編 筑摩書房(1983)　164
岩田豊雄
――『近代劇以後――批評と紹介』河出書房(1940)　187
インティ・イジュニ　221
ウ
ヴァイル，フェリクス　232
ヴァレリー，ポール　43
ヴィグマン，メリー　111
ウィリアムズ，テネシー　186
ウィルスン，ヘンリイ　208
ヴェイユ，シモーヌ　228, 229
上野英信　167, 194
――『火を掘る日日』大和書房(1979)　167
上原専祿　132, 133, 160
――『死者・生者――日蓮認識への発想と視点』未来社(1974) →『上原専祿著作集16』評論社(1988)　132, 160
ウェルズ，オーソン　186
ヴェルレーヌ，ポール　123
宇沢浩子　28
宇都宮貞子　うつのみや・さだこ (1908−1992)　*104〜109*
――『草木ノート』読売新聞社(1970)　104, 105, 107, 108
――『草木覚書』創文社(1967)　105
――『草木おぼえ書』読売新聞社(1972)　107
海辺ゆき　85
梅比良眞史　173
梅原猛　36, 37
エ
江井秀雄
――『多摩近現代の軌跡――地域史研究の実践』けやき出版(1995)　155
エイゼンシュテイン，セルゲイ　43
エセーニン，セルゲイ　112
エリオット, T・S　43
エリュアール，ポール　175
エンツェンスベルガー，ハンス・マグヌス　40
オ

大石芳野　135,136
——『〔夜と霧〕をこえて——ポーランド・強制収容所の生還者たち』日本放送出版協会(1988)　135
オーウェル，ジョージ
——「スペイン戦争回顧」『象を撃つ　オーウェル評論集１』川端康雄編 平凡社ライブラリー(1995)　129
大越愛子
——「「女性」と戦争論」『女性・戦争・人権』創刊号 三一書房(1998)　229
大杉栄　123,159,160,161,231
大田洋子　おおた・ようこ（1903−1963）　*195～198*
——『屍の街・半人間』講談社文芸文庫(1995)　195,197,198
——『屍の街』中央公論社(1948)　197
——『屍の街』冬牙書房(1950)　197
大原穣子　おおはら・じょうこ（1935−）　*211～214*
——『故郷のことばなつかし——ドラマによみがえる方言』新日本出版社(1994)　211,212
オールコット，ルイーザ・メイ　61
岡本かの子　104
オキーフ，ジョージア　102
『掟』　86
小倉重夫　110
オケーシ，ショーン　140,143
小山内薫　139
大佛次郎　130,　131
——『パリ燃ゆ』全６巻 朝日文庫(1983)　130
小沢瑞穂　181
小野二郎　52
『オモニと少年』　200
オルタ，マリア・テレサ　Maria Teresa Horta　*66～70*
——『三人のマリア——新ポルトガルぶみ』上・下 藤枝澪子訳 人文書院(1976)　66

カ

カースン，レイチェル　Rachel L.Carson（1907−1964）　*19～21*
——『われらをめぐる海』日下実男訳 ハヤカワ文庫(1977)　19,20
——『海・その科学とロマンス』日高孝次訳 文藝春秋新社(1952)　19,20
——『沈黙の春』青木簗一訳 新潮社(2001)　19
カイザー，エルンスト　30
カエターノ　67
カザンツァキス，ニコス　87

片山廣子　かたやま・ひろこ／筆名・松村みね子（1878－1957）　*144～147*
――『燈火節』暮しの手帖社（1953）　144，146
――『近代劇全集　愛蘭土篇』25・26 松村みね子訳 第一書房（1927・30）145
――『ダンセイニ戯曲全集』松村みね子訳 警醒社書店（1921）→『ダンセイニ戯曲集』沖積舎（1991）　145
――『シング戯曲全集』松村みね子訳 新潮社（1923）→沖積舎（2000）　145
――『愛蘭戯曲集』松村みね子訳 玄文社出版部（1922）　145
――マクラオド，フィオナ『かなしき女王』松村みね子訳 沖積舎（1989）　145
ガッシオン，ドニーズ
――『我が姉エディット・ピアフ』永田文夫訳 誠文堂新光社（1980）　55
桂ゆき　かつら・ゆき（1913－1991）　*114～117*
――『狐の大旅行』正・続 創樹社（1974）　114，116
――『女ひとり原始部落に入る――アフリカ・アメリカ体験記』（桂ユキ子）光文社カッパブックス（1962）　116
カフカ，フランツ　12，66，72，73
鎌田慧
――『反骨――鈴木東民の生涯』講談社文庫（1992）　97
上坂冬子　40，41
川端康成　14
川本三郎　184

キ

キーペンホイヤー，グスタフ　30
北林谷榮　きたばやし・たにえ（1911－）　*199～202*，203
――『蓮以子八〇歳』新樹社（1993）　199，201
木村功　200
菊五郎（六代目）　13
キャロル，ルイス
――『不思議の国のアリス』脇明子訳 岩波少年文庫（2000）　116
キラパジュン　221
ギル，エリック　32
『近代日本の女性史』全12巻 創美社編集 集英社（1980～81）　61

ク

クーパー，デビット・グラハム
――『反精神医学』野口昌也・橋本雅雄訳 岩崎学術出版社（1974）　171
クオジンスキ　136
日下実男　19
邦高忠二　77
椚国男　154
――『緑がなくなるとき』東京都立八王子図書館（1970）　154

久場嬉子　227
倉田悟　106
グラハム，マーサ　111
クリステヴァ，ジュリア　229,231
グループ糸車座
――「キルト物語――布のいのちと女たちのいのち」『美術運動』No. 123/124合併号 日本美術会(1992)　34
グレイヴス(グレーヴス)，ロバート・ランケ　144
クレーグ，ゴードン　112
グレゴリイ，イザベラ・アウガスタ　Gregory, Isabella Augusta (1852−1932)　*138〜143*
――『グレゴリイ夫人戯曲全集』近藤孝太郎訳 新潮社(1924)　138,141
――『アイルランド西部の幻想と信仰』　140
――『詩人と夢想家たち』　140
――『ミュルヘヴナのクーハラン』　140
――『神々と戦士たち』　140
――『キルタータン不思議物語』　140
――『噂のひろまり』『ヒヤシンス・ハルベイ』(『グレゴリイ夫人戯曲全集』所収)　141
――『金のリンゴ』小山内薫訳『近代劇全集26　愛蘭土篇』第一書房(1930)　141
クレマンティヌ，ンジュジ・マディヤ　196
クローデル，カミーユ　169〜172
クローデル，ポール　170
桑原史成　165
クンデラ，ミラン　72
薫陶　148

ケ

ゲーテ，ヴォルフガング・フォン　174
ゲエリング，ラインハルト
――『海戦』　204
『原爆の子』　200

コ

小泉喜美子　208
高坂潤子　48
幸田文　こうだ・あや (1904−1990)　*48〜52*
――『ちぎれ雲』新潮社(1956 →講談社文芸文庫1993)　48,51
――「終焉」　49
――「結ぶこと」　51

——『崩れ』講談社(1991)　49
——『木』新潮社(1992)　49
——『父―その死』中央公論社(1949)　51
——『父・こんなこと』新潮文庫(1955 →改版1967)　51
——「父―その死」　50
——『こんなこと』創元社(1950)　48,51
——『黒い裾』中央公論社(1955)　51
幸田露伴　49,50,52
ゴーディマ，ナディン　102
コードウェル，クリストファ　110
コール，G・D・H　207
——『協同組合運動の一世紀』中央協同組合学園コール研究会訳 家の光協会(1975)　207
——『イギリス労働運動史』全3巻 林健太郎他訳 岩波書店(1952−57)　207
——『社会主義思想史』　207
——『世界社会主義への呼びかけ』福田実訳 南雲堂(1959)　207
コール，マーガレット　208
ゴールドマン，エマ　127,128
——「ルイズ・ミッシェルの印象」『アナキズムと女性解放』はしもとよしはる訳 JCA(1978)　128
コーンフォド，フランツェス
——「幼児の夢」『春夫詩鈔』佐藤春夫訳 岩波文庫(1936 →改版1963)　64
コクトオ，ジャン　53
国分一太郎
——『自然このすばらしき教育者』創林社(1980)　106
古在由重　62
コスタ，マリア・ファティマ・ベーリョ　Maria Fatima Velho da Costa　*66〜70*
——『三人のマリア――新ポルトガルぶみ』上・下 藤枝澪子訳 人文書院(1976)　66
コルヴィッツ，ケエテ　Kollwitz, Kathe (1867−1945)　*96〜99*
——『種子を粉にひくな――ケエテ・コルヴィツの日記と手紙』鈴木マリオン訳 同光社磯部書房(1953) →鈴木東民訳 刀江書院(1965) →『ケーテ・コルヴィッツの日記――種子を粉にひくな』鈴木東民訳 アートダイジェスト(2003)　96
近藤孝太郎　138

サ

『サークル村』1月号(1960)　167
最首悟
——『明日もまた今日のごとく』どうぶつ社(1988)　164

崔承喜　チェ・スンヒ／さいしょうき（1911－1969）　*13～15*
――『私の自叙伝』日本書荘（1936）　13, 14
齋藤純一　100
サイフェルト，ヤロスラフ　72, 73
酒井喜久子　さかい・きくこ（1945－）　*177～180*
――『命の山・高尾山』朝日ソノラマ（1994）　177, 178
サガン，フランソワーズ　Francoise Sagan（1935－）　*185～188*
――『サラ・ベルナール――運命を誘惑するひとみ』吉田可南子訳 河出書房新社（1989）　185, 186
――『悲しみよ　こんにちは』新潮文庫（1955）　185
――『私自身のための優しい回想』朝吹三吉訳 新潮社（1986）　186
佐々木たづ　ささき・たづ（1932－1998）　*63～65*
――『ロバータ　さあ歩きましょう』朝日新聞社（1964）→旺文社文庫（1980）→偕成社文庫（1977）→大空社（1998）　63
ザックス，ネリー　Nelly Sacks（1891－1970）　*39～41*
――「ネリー・ザックス詩集」生野幸吉訳『ノーベル文学賞全集24』主婦の友社（1972）所収　39, 41
――「死神の住家で」『イスラエルの受難』生野幸吉訳 三修社（1968）　40
――「死んだ子が言う」　40
佐藤和夫　100, 101
佐藤春夫　64, 68, 152
――『春夫詩鈔』佐藤春夫 岩波文庫（1936 →改版1963）　64
――「西班牙犬の家」『美しき町・西班牙犬の家 他六篇』池内紀編 岩波文庫（1992）　64
佐藤まゆみ　77
『サラエボのバラード』　80
サルトル，ジャン＝ポール　186

シ

ジイド，アンドレ　43
シェイクスピア，ウィリアム　43, 209
式場隆三郎　61
『児童百科事典』平凡社（1951～57）　29
司馬遼太郎　139
――『愛蘭土紀行 Ⅱ』朝日文庫（1993）　139
清水徹
――「「黄昏のヨーロッパ」からの手紙」雑誌『すばる』2月号（1994）　78
霜山徳爾　169, 170, 171
――『素足の心理療法』みすず書房（1998）　169
シャーン，ベン　117

ジャクソン，ジェシー・ルイス　223
シューマン，クララ　186
寿岳章子　56～58,60,62
――『父と娘の歳月』人文書院(1988)　58
――『日本語と女』岩波新書(1979)　60
寿岳しづ　じゅがく・しづ（1901－1981）　*56～62*
――『寿岳文章・しづ著作集』全六巻　春秋社(1970)　57
――「朝」『寿岳文章・しづ著作集』第一巻　春秋社(1970)　61
――「夫と妻の公開状」『寿岳文章・しづ著作集　ある夫婦の記録』第二巻　春秋社(1970)　59
――『紙漉村旅日記』向日庵私版(1943) →『寿岳文章・しづ著作集』第五巻　春秋社(1970) →『日本の紙・紙漉村旅日記』講談社文芸文庫(1994)　57,60
――ハドソン，ウィリアム・ヘンリー『はるかな国　とおい昔』寿岳しづ訳 岩波文庫(1937 →改訳1975)　62
――ハドソン，ウィリアム・ヘンリー『ラ・プラタの博物学者』寿岳しづ訳(『世界教養全集34』) 平凡社(1962)　62
寿岳文章　じゅがく・ぶんしょう（1900－1992）　56～62
――『寿岳文章・しづ著作集』全六巻　春秋社(1970)　56
――『書物への愛』栗田書店(1959)　57
――「民藝を語る」『柳宗悦を語る』集英社(1980)　61
――『無染の歌』寿岳文章訳 ブレイク，ウィリアム(ヰリヤム)著　向日庵私版(1933)　60
――月刊雑誌『ブレイクとホヰツトマン』寿岳文章・柳宗悦共編・発行(1931) →著作集第二巻
――『神曲　地獄篇』ダンテ，アリギエリ著　寿岳文章訳 集英社(1984)　61
――『神曲　煉獄篇』ダンテ，アリギエリ著　寿岳文章訳 集英社(1975)　61
――『神曲　天国篇』ダンテ，アリギエリ著　寿岳文章訳 集英社(1976)　61
『宿命』　86
シュタイン，エーディット　229
ジュネ，ジャン　26,117
『ジュリア』　102
ジョイス，ジェイムス　44,72,138,143
――『ユリシーズ』柳瀬尚紀訳 河出書房新社(1997)　44,143
――『フィネガンズ・ウェイク』柳瀬尚紀訳 河出書房新社(1991)　143
ショー，ジョージ・バーナード　138,140
『ショアー』　133
ショーウォーター，エレイン
――『女の病気――女性・狂気・英国文化』→『心を病む女たち――狂気と英

国文化』山田晴子・藺田美和子訳 朝日出版社(1990) 24
シング，M・ジョン 139,140,141,143,145
――『シング戯曲全集』松村みね子訳 沖積舎(2000) 145
――『海に行く騎者』松村みね子訳 角川文庫(1956) →『シング選集戯曲篇海に騎りゆく者たち ほか』木下順二他訳 恒文社(2002) 145
『死んでもいい』 86
ス
鈴木たか子 219
鈴木東民 97
鈴木マリオン 96,97
スターリン，イオジフ・ビサリオノビッチ 11,231
スタニスラフスキー，コンスタンティン・セルゲイヴィチ 111
ストヤコビッチ，ヤドランカ 80,82,83
――『MUSIC TOWN』2月号(1994) 80
砂沢クラ すなざわ・くら (1897−1990) *36〜38*
――『ク スクップ オルシペ――私の一代の話』北海道新聞社(1983) →福武文庫(1990) 36,37
スペンダー，スティーブン 43
セ
『世界童話体系H 愛蘭篇』世界童話大系刊行会(1925) 144
関千枝子 せき・ちえこ (1932−) *223〜228*
――『この国は恐ろしい国――もう一つの老後』農山漁村文化協会(1988) 223,225,226
瀬田貞二 29,30
――『幼い子の文学』中公新書(1980) 28
――『落穂ひろい――日本の子どもの文化をめぐる人びと』上・下 福音館書店(1982) 28,29
『Z』 46
薛濤(せっとう)
――「春望詞」『中国の女詩人』花崎采琰訳 西田書店(1985) 151
セフェリス，ヨルゴス 87
芹沢銈介 57
ソ
ソンタグ，スーザン Susan Sontag (1933−) *77〜84*
――『ハノイで考えたこと』晶文選書15 邦高忠二訳 晶文社(1969) 77,83
――『反解釈』高橋康也ほか訳 竹内書店新社(1971) 77
――「サラエヴォでゴドーを待ちながら」雑誌『批評空間』第Ⅱ期第1号 太田出版(1994) 81
――『ラディカルな意志のスタイル』川口喬一訳 晶文社(1974) 83

タ
タイゲ，カレル　72
タイナン，カスリン　140
高井としを　たかい・としを（1902−1983）　*16〜18*
――『わたしの「女工哀史」』草土文化（1980）　16，18
高橋武智　134
高橋哲雄　139、142
――『アイルランド歴史紀行』ちくま文庫（1995）　139
高橋哲哉
――『記憶のエチカ――戦争・哲学・アウシュヴィッツ』岩波書店（1995）　134
高橋豊子　142
瀧口修造　71
武田泰淳　193
太宰治
――「畜犬談」『きりぎりす』新潮文庫（1974）　63
ダッシン，ジュールス　87
多摩史研究会
――『多摩の五千年――市民の歴史発掘』色川大吉編　多摩研究会著　平凡社（1970）　155
多摩の女を綴る会　*153〜158*
――『多摩のおんな――手づくりの現代史』三省堂（1973）　153，191
タン，エィミ　Amy Tan（1952−）　*181〜184*
――『ジョイ・ラック・クラブ』小沢瑞穂訳　角川書店（1990）→角川文庫（1992）　181
ダンカン，イサドラ　Isadora Duncan（1878−1927）　14，*110〜113*
――『わが生涯』小倉重夫・阿部千津子訳　冨山房（1975）　14，110，112
ダンセイニ，ロード　140，141，143，145
ダンテ，アリギエリ
――『神曲　地獄篇』寿岳文章訳　集英社（1984）→集英社文庫（2003）　61
――『神曲　煉獄篇』寿岳文章訳　集英社（1975）→集英社文庫（2003）　61
――『神曲　天国篇』寿岳文章訳　集英社（1976）→集英社文庫（2003）　61
チ
チェーホフ，アントン・パブロヴィッチ
――『桜の園』岩波文庫（1998）　81
チェフリーズ，リチャード　61
チカップ美恵子　37，38
――『風のめぐみ――アイヌ民族の文化と人権』御茶の水書房（1991）　37
筑紫美主子　ちくし・みすこ（1921−）　*118〜121*
――『旅芸人の唄――筑紫美主子自伝』葦書房（1981）　118

チツァニス　87
チハーコヴァー，ヴラスタ　Vlasta Cihakova（1944－）　*71～73*
――『プラハ幻景――東欧古都物語』新宿書房（1987 →新版1993）　71
池明観　91，101
――「贖罪の政治学について」『軍縮問題資料』7月号（1994）　91
――『現代に生きる思想――ハンナ・アレントと共に』新教出版社（1989）　101
チャペック，カレル
――『長い長いお医者さんの話』中野好夫訳　岩波少年文庫（2000）　72
ツ
ツェラン，パウル　41，134
鶴岡真弓　143
テ
ティ，ジョセフィン　Josephine Tey（1896－1952）　*207～210*
――『時の娘』村崎敏郎訳　ハヤカワミステリ・ブックス（1954 →小泉喜美子訳　ハヤカワ文庫1977）　207，208，210
ディートリッヒ，マレーネ　55
ティエール　126
ディドロ，デニス　124
ディネーセン，アイザック　102
テイラー，アリス
――『アイルランド田舎物語――わたしのふるさとは牧場だった』高橋豊子訳　新宿書房（1994）　142
――『アイルランド冬物語――晩秋，クリスマスそして冬の暮らし』高橋豊子訳　新宿書房（1995）　142
テオドラキス，ミキス　87
デスノス，ロベール
――『エロチシズム』澁澤龍彦訳　ユリイカ（1958）　69
手塚宏一　122
暉峻淑子　225
――『豊かさとは何か』岩波新書（1989）　225
戸井田道三　34，89～91
――『色とつやの日本文化』筑摩書房（1986）　34
――『能芸論』勁草書房（1965）　89
――『戸井田道三の本』全四巻　筑摩書房（1983）　89
土岐善麿　152
ドゥリアーズ，ディアーヌ　Diane Deriaz（1926－）　*173～176*
――『恋する空中ブランコ乗り――私は翔んだ，空を，詩を。シュールレアリストたちに愛されたある女性の回想』平井啓之・梅比良眞史訳　筑摩書房（1991）　173

戸田清　123, 124
――『環境的公正を求めて――環境破壊とエリート主義』新曜社(1994)　123
『トプカピ』　86
富山妙子　とみやま・たえこ (1921－)　*189～194*
――『炭坑夫と私』毎日新聞社(1960)　189, 192, 193
――『わたしの解放――辺境と底辺の旅』筑摩書房(1972)　193
――『美術史を解き放つ』(共著) 時事通信社(1994)　192
――『Silenced by History――富山妙子作品集』「アジアへの視座と表現」実行委員会編 現代企画室(1995)　192
トラー, エルンスト　30, 31
トワイヤン, マリー　72

ナ

直井武夫　10
中井久夫
――『現代ギリシャ詩選』中井久夫訳 みすず書房(1985)　87
中川雅子　189～191
――『見知らぬわが町――1995・真夏の廃坑』葦書房(1996)　189, 190
中田勇次郎
――『宋代の詞』弘文堂(1940)　152
中村輝子　なかむら・てるこ (1938－)　*100～103*
――『女たちの肖像――友と出会う航海』人文書院(1986)　100, 102
中野重治　18
中山末喜　42
なだいなだ　169
夏目漱石　209
――「倫敦塔」『倫敦塔・幻影盾　他 5 篇』岩波文庫(1990)所収　209
『なんという胸の痛みだろうか』　219

ニ

『にあんちゃん』　200
ニーチェ　168
ニカノール　221
西川長夫　126
西山千恵子
――『ケーテ・コルヴィッツ』若桑みどり・西山千恵子 彩樹社発行・星雲社発売(1993)　96
ニジンスキー, ヴァーツラフ　111
『日曜はダメよ』　86
二宮正之　175
――『私の中のシャルトル』筑摩書房(1990 →ちくま学芸文庫2000)　174

日本原水爆被害者団体協議会編『ヒロシマ・ナガサキ死と生の証言――原爆被害者調査』新日本出版社(1994) 92
ヌ
ヌレエフ，ルドルフ 186
ネ
ネズヴァル，ヴィチェスラフ 72
ノ
ノイマン，ハインツ 11
野村泫 29
ハ
バーグマン，イングリット 175
ハース，ノーマン・ウォルター 72
ハーストン，ゾラ・ニール 102
バード，イザベラ 37
パウンド，エズラ 43
萩原朔太郎 139
萩原弘子 192
朴壽南 パク・スナム (1936−) *89〜95*
――『もうひとつのヒロシマ――朝鮮人韓国人被爆者の証言』舎廊房出版部(1983) 89
――『朝鮮・ヒロシマ・半日本人――わたしの旅の記録』三省堂(1973) 94
ハシェク，ヤロスラヴ 72
橋本龍太郎 196
ハドソン，ウィリアム・ヘンリー 61,62
――『はるかな国 とおい昔』寿岳しづ訳 岩波文庫(1937 →改訳1975) 62
――『ラ・プラタの博物学者』寿岳しづ訳（『世界教養全集34』所収）平凡社(1962) 62
パナグリス，アレクサンドロス 46
花崎皋平 はなざき・さいえん (1903−1998) *148〜152*
――『中国の女詩人』花崎采琰訳 西田書店(1985) 148,149
花田精輝 23,24,59,67,114,115,142
――「古沼抄」『日本のルネッサンス人』講談社文芸文庫(1992) 67
――『さちゅりこん』未来社(1956) 114,115
花森安治 32,146
パパドロス 46
バフチン，ミハエル・ミハイロヴィッチ 115,116
――『フランソワ・ラブレーの作品と中世・ルネッサンスの民衆文化』川端香男里訳 せりか書房(1974) 115
ハラ，ビクトル 221

パラ，ビオレッタ　Violeta Parra Sandoval（1917−1967）　*219〜222*
──『人生よ ありがとう──十行詩による自伝』インディアス群書第八巻 水野るり子訳 現代企画室（1987）　219
パリス，レーヌ＝マリー　Reine-Marie Paris（1938−）　*169〜172*
──『カミーユ・クローデル』なだいなだ・宮崎康子訳 みすず書房（1990）　169，170
バルト，ロラン　78
バルラハ，エルンスト　48
バレノ，マリア・イザベル　Maria Isabel Barreno（1939−）　*66〜70*
──『三人のマリア──新ポルトガルぶみ』上・下 藤枝澪子訳 人文書院（1976）　66〜69
『半島の舞姫』　14

ヒ

ピアフ，エディット　53〜55
ビーチ，シルヴィア　Sylvia Beach（1887−1962）　*42〜44*
──『シェイクスピア・アンド・カンパニイ書店』中山末喜訳 河出書房（1974 →河出書房新社 第三版1992）　42
ヒーニー，シェイマス　138
引田隆也　100
土方梅子　ひじかた・うめこ（1901−1973）　*203〜206*
──『土方梅子自伝』早川書房（1976）　203，205
土方与志　203〜205
ヒトラー　231
ヒューリマン，ベッティーナ　Bettina Hurlimann（1909−83）　*28〜32*
──『七つの屋根の下で──ある絵本作りの人生』宇沢浩子訳 日本エディタースクール出版部（1981）　28
──『子どもの本の世界──三〇〇年の歩み』野村泫訳 福音館書店（1969）→『ヨーロッパの子どもの本──300年の歩み』上・下 野村泫訳 ちくま学芸文庫（2003）　29，31
平井啓之　173
平岡敬　196
『ビルマの竪琴』　199
広河隆一　122
広河ルティ　ひろかわ・るてぃ（1949−）　*25〜27*
──『私のなかの「ユダヤ人」』集英社（1982 →新版 三一書房1989）　25

フ

ファージョン，エリナ　29
ファーブル，アンリ
──『昆虫記』→『ファーブル昆虫記』全10巻 山田吉彦・林達夫訳 岩波文庫

（1989−93）　105
ファラーチ，オリアーナ　Oriana Fallaci（1930−）　*45〜47*
——『ひとりの男』望月紀子訳 講談社（1982）　45
ファルグ，ポール・レオン　54
フィッチ，R・ノエル　44
ブーバー＝ノイマン，マルガレーテ　Margarete Buber–Neumann（1901−1989）　*10〜12*
——『カフカの恋人　ミレナ』田中昌子訳 平凡社（1976 →平凡社ライブラリー 1993）　12
——『第三の平和』全２巻　直井武夫訳 共同出版社（1954）　10
フォスター，E・M　140
フォニイ　124
福井貞子　ふくい・さだこ（1932−）　*33〜35*
——『木綿口伝』法政大学出版局（1984 →第二版2000）　33，34
福田須磨子　198
——『われなお生きてあり』ちくま文庫（1987）　198
藤枝澪子　66，85
藤原義江　13
プラトン　124
降旗節雄　224
プルースト，マルセル　44，187
ブルトン，アンドレ　67，176
ブレイク，ウィリアム
——『無染の歌』寿岳文章訳 向日庵私版（1933）→『無心の歌，有心の歌』寿岳文章訳 角川文庫（1999）　60
ブレヒト，ベルトルト　30，31，158，191
——『三文オペラ』千田是也訳 岩波文庫（1961）　30
——「少年十字軍」『ブレヒト詩集』長谷川四郎訳 みすず書房（1998）　31

へ

ベケット，サミュエル　43，79，81，138
——『ゴドーを待ちながら』安堂信也・高橋康也訳 白水社（1990）　79，81
ベテルハイム，ブルーノ　134
ペトロニウス　115
ヘミングウェイ，アーネスト　42，43
——『移動祝祭日』福田陸太郎訳 岩波同時代ライブラリー（1990）　42
ヘルダーリン，フリードリヒ　169，220
ベルトー，シモーヌ　Simone Berteaut（1918−）　*53〜55*
——『愛の讃歌——エディット・ピアフの生涯』三輪秀彦訳 新潮社（1971）　53
ベルナール，サラ　185〜188

ベルネリ，マリー・ルイズ　Marie Louise Berneri（1918−1949）　*122〜125*
――『ユートピアの思想史――ユートピア志向の歴史的研究』手塚宏一・広河隆一訳 太平出版社（1972）　122
ヘルマン，リリアン　102
ホ
ボーヴォワール，シモーヌ・ド　132
ポーラン，ジャン　43
細井和喜蔵　17，18
――『女工哀史』岩波文庫（1954）　17
ポドフレブニク，モルデハイ　134
堀辰雄
――「聖家族」『菜穂子 他５編』岩波文庫（1973）　146
ホリデイ，ビリー　Billie Holiday（1915−1959）　186，*215〜218*
――『奇妙な果実――ビリー・ホリデイ自伝』油井正一・大橋巨泉訳 晶文社（1971）　215
ホルクハイマー，マックス　91
ポンジュ，フランシス　74
マ
マーラー，アルマ　186
真壁仁　108，109
――『野の教育論』民衆社（1976）　108
マクラオド，フィオナ
――『かなしき女王』松村みね子訳 沖積舎（1989）　145
増田れい子　ますだ・れいこ（1929−）　*74〜76*
――『一枚のキルト』北洋社（1979）　74
町田孝子
――『日本の舞踊』修道社（1958）　14
マチス・アンリ　111
マッカーシー，メアリ
――『グループ』小笠原豊樹訳 早川書房（1967）　83
松下竜一
――『ルイズ――父に貰いし名は』講談社（1982 →講談社文庫1985）　159
松田道雄　61
松村みね子　145，147 →片山廣子
マルクス，カール　68，124，126
丸山敬一　229
マンハイム，カール　125
ミ
三島通庸　205

ミショー，アンリ　43
水野るり子　219，220
ミッシェル，ルイーズ　Clemence Louise Michel（1830－1905）　122，123，*126～131*，160
――『パリ・コミューン――一女性革命家の手記』上・下　天羽均・西川長夫訳　人文書院（1971・1972）　126，127，130
――『カナカ人の伝説と武勲詩』（1885　未邦訳）　127
ミッチャーリッヒ，アレクサンダー＆マルガレーテ　99
港千尋
――「戦場のベケット」雑誌『みすず』3月号（1994）　82
宮崎康子　169
宮本常一　58
ミュシャ，アルフォンス　187
ミレット，ケイト　117
――『性の政治学』藤枝澪子・加地永都子・滝沢海南子・横山貞子共訳 ドメス出版（1985）　117
三輪秀彦　53
ム
無着成恭　200
村上光彦　132
村崎敏郎　207
村山知義　204
メ
メルクーリ，メリナ　Melina Mercouri（1925－1994）　*85～88*
――『ギリシャ――わが愛』藤枝澪子・海辺ゆき訳　合同出版（1975）　85
モ
モア，トーマス　124
茂田井武　29
望月紀子　45
本居宣長　139
本橋成一
――写真集『炭鉱《ヤマ》』現代書館（1968 →第二版1992）　194
森有正　175
森崎和江　190
モリス，ウィリアム　75，76，124，208
――『ユートピアだより』松村達雄訳　岩波文庫（1968）　208
モリソン，スタンリー　32
モンタン，イヴ　46
ヤ

柳田國男　23, 34, 139, 142
——『遠野物語・山の人生』岩波文庫(1976)　23, 142
柳宗悦　60, 61
山崎佳代子
——『解体ユーゴスラビア』朝日選書(1993)　80
山下肇　72
大和明　216
『山びこ学校』　200

ユ

油井正一　215
ユゴー，ヴィクトル　131

ヨ

吉田加南子　185
『四つの恋の物語』　173

ラ

ラーゲルレーヴ，ゼルマ　40
ラングフュス，アンナ　Anna Langfus（1920−1966）　*132〜136*
——『砂の荷物』村上光彦訳 晶文社(1974)　132, 135〜137
——『塩と硫黄』(1960　未邦訳)　137
——『跳ぶんだ，バルバラ』(1965　未邦訳)　137
ランズマン，クロード　133
——『ＳＨＯＡＨ』高橋武智訳 作品社(1995)　134
ランボー，アルチュール　68

リ

陸游(りくゆう)　148
——詩「釵頭鳳」　148
リチャード三世　209
リツォス，ヤニス　87
リブシェ　75
リルケ，ライナー・マリア　68, 72
リンドグレーン，アストリッド
——『ながくつしたのピッピ』大塚勇三訳 岩波少年文庫(2000)　31

ル

ルクセンブルク，ローザ　Luxemburg, Rosa（ポーランド）Róza Luksemburg （1871−1919）　*229〜232*
——『ロシア革命論』伊藤成彦・丸山敬一訳 論創社(1985)　229, 231, 232
——『ローザ・ルクセンブルク選集』全４巻 高原宏平・野村修ほか訳 現代思潮社(1969−70)　230

レ

レイン，R・ヘレン　68，69
レーニン，イリッチ・ブラディミル　111，231，232
レーヴィ，プリーモ　134
ロ
ロート，ヨーゼフ　30
魯迅　97，192，222
ロスタン，エドモン
――『シラノ・ド・ベルジュラック』辰野隆・鈴木信太郎訳 岩波文庫（1983）　187
ロダン，オーギュスト　111，171
ワ
ワールブルグ，アビィ　106
ワイルド，オスカー　111，187
若桑みどり　96～99
――『ケーテ・コルヴィッツ』若桑みどり・西山千恵子 彩樹社発行・星雲社発売（1993）　96

久保　覚（くぼ・さとる）

1937—98年。編集者・文化活動家・朝鮮芸能文化史研究。『新日本文学』編集長（1984—87年）。『花田清輝全集』（講談社）編集。自由創造工房、宮澤賢治講座、群読（ひびきよみ）の共同制作などを通して市民の文化・芸術活動の理論化をめざす。91年より、生活クラブ生協連合会発行《本の花束》編集協力者。
編著に『仮面劇とマダン劇』（晶文社）、『こどもに贈る本』1·2（みすず書房）、『女たちの言葉』（青木書店）等。『収集の弁証法——久保覚遺稿集』『未完の可能性——久保覚追悼集』（同刊行会）。

古書発見《こしょはっけん》
——女《おんな》たちの本《ほん》を追《お》って

二〇〇三年四月七日　初版第一刷

著　者　久保《くぼ》　覚《さとる》
発行所　株式会社　影書房
発行者　松本　昌次
〒114-0015　東京都北区中里二—三—三
久喜ビル四〇三号
電　話　〇三（五九〇七）六七五五
ＦＡＸ　〇三（五九〇七）六七五六
E-mail：kageshobou@md.neweb.ne.jp
http://www.kageshobo.co.jp/
〒振替　〇〇一七〇—四—八五〇七八
本文印刷＝新栄堂
装本印刷＝広陵
製本＝美行製本

定価　二、二〇〇円＋税

ISBN4-87714-298-3 C0095

久保覚遺稿集・追悼集刊行会　編集・発行

収集の弁証法——久保覚遺稿集

遺稿三〇篇収録・付年譜　318頁

未完の可能性——久保覚追悼集

追悼文・弔辞七五篇収録　342頁

四六判並製　各口絵写真一丁・二冊ケース入り

頒価五〇〇〇円　発売　影書房

＊本書は、限定私家版のため一般市販はしておりません。電話・FAX・Eメール等で直接影書房にお申し込み下さい。郵便振替用紙同封の上、直送申し上げます。（残部僅少）